100 ΚΑΤΑΠΛΗΚΤΕΣ ΣΥΝΤΑΓΕΣ ΟΜΕΛΕΤΑΣ

Εύκολες και νόστιμες συνταγές ομελέτας για να φτιάξετε τη μέρα σας

Αλεξία Λειβαδίτη

Πίνακας περιεχομένων

ΕΙΣΑΓΩΓΗ

Η ομελέτα είναι μια μαγειρική ΠΑΡΑΣΚΕΥΗ από ολόκληρα αυγά που έχουν χτυπηθεί και ψηθεί σε τηγάνι (σοταρισμένα). ΔΕΝ είναι μια απλή ομελέτα διπλωμένη ή τυλιγμένη μόνη της, αλλά μάλλον μια ΠΑΡΑΣΚΕΥΗ με πολύ ξεχωριστό σχήμα και συνοχή (διαφορετική μεταξύ του εξωτερικού και της καρδιάς του φαγητού).

Η αρχική συνταγή ομελέτας είναι γαλλική, όπως υποδηλώνει το όνομα.

Η διατροφική πρόσληψη της ομελέτας ποικίλλει ανάλογα με τη σύνθεση. Στην πράξη, η ομελέτα μπορεί να αποτελείται από: αυγά, ζωικά συστατικά, λαχανικά και λίπη από καρυκεύματα. Η πεπτικότητα ποικίλλει πολύ από τη μία ΠΡΟΕΤΟΙΜΑΣΙΑ στην άλλη, αν και (κατά μέσο όρο), αυτή η μέθοδος μαγειρέματος θεωρείται ως μια από τις καλύτερες.

ΣΥΝΤΑΓΕΣ ΟΜΕΛΕΤΩΝ

1. Ομελέτα πάπρικας με μυρωδικά

- Προετοιμασία: 10 λεπτά
- μαγείρεμα σε 20 λεπτά
- μερίδες 2

ΣΥΣΤΑΤΙΚΑ

- 4 αυγά
- άλας
- πιπέρι
- 2 χούφτες ανάμεικτα μυρωδικά (π.χ. βασιλικός, μαϊντανός, θυμάρι, άνηθος)

- 100 γρ ρεβίθια (ποτήρι, στραγγισμένο βάρος)
- 1 κόκκινη ή πράσινη πιπεριά
- 1 κίτρινη πιπεριά
- 2 κουταλιές της σούπας ελαιόλαδο
- 75 g πεκορίνο ή άλλο σκληρό τυρί

ΒΗΜΑΤΑ ΠΡΟΕΤΟΙΜΑΣΙΑΣ

1. Χτυπάμε τα αυγά, αλατοπιπερώνουμε και χτυπάμε καλά. Πλένουμε τα μυρωδικά, τα στεγνώνουμε και τα μισοκόβουμε. Προσθέστε τα ψιλοκομμένα μυρωδικά στο μείγμα των αυγών.
2. Στραγγίζουμε τα ρεβίθια, τα ξεπλένουμε και τα στραγγίζουμε καλά. Καθαρίζουμε, πλένουμε, κόβουμε στη μέση και κόβουμε τις πιπεριές σε λωρίδες. Ζεσταίνουμε 1 κουταλιά της σούπας ελαιόλαδο σε ένα τηγάνι, προσθέτουμε τα ρεβίθια και τις λωρίδες πάπρικας και τηγανίζουμε σε μέτρια φωτιά για 3-5 λεπτά, γυρίζοντας. Αλατοπιπερώνουμε και αφήνουμε στην άκρη. Τρίβουμε ψιλά το πεκορίνο.
3. Ζεσταίνουμε $\frac{1}{2}$ κουταλιά της σούπας ελαιόλαδο σε ένα άλλο, μικρό τηγάνι. Προσθέτουμε το μισό μείγμα των αυγών και σκεπάζουμε όλο τον πάτο του ταψιού. Σκεπάζουμε και αφήνουμε να

σταθεί σε χαμηλή φωτιά για περίπου 5-7 λεπτά. Τοποθετήστε τα μισά λαχανικά και το μισό τυρί στη μία πλευρά της ομελέτας. Διπλώνουμε την ομελέτα και την τοποθετούμε σε πιατέλα. Κάνετε το ίδιο και για τη δεύτερη ομελέτα.

4. Μαζεύουμε χοντρικά τα υπόλοιπα μυρωδικά και τα μοιράζουμε στις ομελέτες. Σερβίρετε αμέσως.

2. Φριτάτα πράσου

- Προετοιμασία: 15 λεπτά
- μαγείρεμα σε 25 λεπτά
- μερίδες 4

ΣΥΣΤΑΤΙΚΑ

- ½ φρέσκο κρεμμυδάκι φρέσκο
- 1 χούφτα φρέσκα μυρωδικά (π.χ. άνηθος, μαϊντανός, κόλιανδρος)
- 2 κουταλιές της σούπας ελαιόλαδο
- 8 αυγά
- 50 ml σαντιγί
- 20 γρ παρμεζάνα (1 κομμάτι)

- άλας
- πιπέρι
- 50 γρ ρόκα

ΒΗΜΑΤΑ ΠΡΟΕΤΟΙΜΑΣΙΑΣ

1. Καθαρίζουμε και πλένουμε τα φρέσκα κρεμμυδάκια και τα κόβουμε σε διαγώνιες λωρίδες. Πλένουμε τα μυρωδικά, τα στεγνώνουμε, τα αφαιρούμε και τα ψιλοκόβουμε.
2. Ζεσταίνουμε το λάδι σε ένα μεγάλο αντικολλητικό τηγάνι (ή δύο μικρά τηγάνια) και σοτάρουμε τα φρέσκα κρεμμυδάκια σε 3-4 λεπτά μέχρι να γίνουν διάφανα. Τρίβουμε ψιλά την παρμεζάνα. Χτυπάμε τα αυγά με την κρέμα, τα μυρωδικά και την παρμεζάνα. Αλατοπιπερώνουμε. Περιχύνουμε τα φρέσκα κρεμμυδάκια, ανακατεύουμε για λίγο και αφήνουμε να δέσει σε χαμηλή φωτιά για περίπου. 10 λεπτά (μην ανακατεύετε άλλο). Όταν ροδίσει η κάτω πλευρά, κόψτε με μια σπάτουλα σε 4 κομμάτια. Ψήνουμε από τη

δεύτερη πλευρά για 2-3 λεπτά μέχρι να ροδίσουν.

3. Πλένετε τη ρόκα και στεγνώνετε με ανακίνηση. Σερβίρετε τη φριτάτα με ρόκα και πασπαλισμένη με παρμεζάνα αν θέλετε.

3. Ομελέτα με μανιτάρια και τσένταρ

- Προετοιμασία: 25 λεπτά
- μερίδες 4

ΣΥΣΤΑΤΙΚΑ

- 300 γρ καστανά μανιτάρια
- 1 ασκαλώνιο
- 2 κουταλιές της σούπας ελαιόλαδο
- άλας
- πιπέρι
- 8 αυγά
- 100 ml γάλα (3,5% λιπαρά)

- 1 πρέζα κουρκουμά σε σκόνη
- 90 τυρί τσένταρ (3 φέτες)
- 10 γρ μοσχαράκι (0,5 ματσάκι)

ΒΗΜΑΤΑ ΠΡΟΕΤΟΙΜΑΣΙΑΣ

1. Καθαρίζουμε τα μανιτάρια και τα κόβουμε σε φέτες. Καθαρίζουμε και ψιλοκόβουμε τα ασκαλώνια. Ζεσταίνουμε 1 κουταλιά της σούπας ελαιόλαδο σε ένα τηγάνι. Προσθέστε τα μανιτάρια και τα ασκαλώνια και σοτάρετε για 3-4 λεπτά σε μέτρια φωτιά. Αλατοπιπερώνουμε, αφαιρούμε από το τηγάνι και αφήνουμε στην άκρη.
2. Χτυπάμε τα αυγά με το γάλα. Καρυκεύουμε με 1 πρέζα κουρκουμά, αλάτι και πιπέρι. Αλείφουμε με λίγο λάδι ένα στρωμένο τηγάνι, προσθέτουμε το 1/4 από το μείγμα των αυγών και το ανακατεύουμε να κατανεμηθεί ομοιόμορφα. Ρίχνουμε από πάνω το 1/4 από τα τηγανητά μανιτάρια. Βράζουμε την ομελέτα σε μέτρια φωτιά για 2-3 λεπτά και την αφήνουμε να ροδίσει ελαφρά.

3. Κόβετε το 1/4 από το τσένταρ σε κομμάτια, σκεπάζετε με αυτήν την ομελέτα, βγάζετε από το τηγάνι και το αφήνετε ζεστό στον προθερμασμένο φούρνο στους 80° C. Χρησιμοποιώντας το υπόλοιπο μείγμα των αυγών, τα υπόλοιπα μανιτάρια και το τσένταρ, ψήνετε 3 περισσότερες ομελέτες με τον ίδιο τρόπο και τις κρατάμε ζεστές.
4. Πλένουμε το μασούρι, ανακινούμε και αφαιρούμε τα φύλλα. Γαρνίρουμε τις ομελέτες με πιπέρι και μύτες και σερβίρουμε.

4. Ομελέτα τυριού με μυρωδικά

- Προετοιμασία: 5 λεπτά
- μαγείρεμα σε 20 λεπτά
- μερίδες 4

ΣΥΣΤΑΤΙΚΑ

- 3 μίσχοι κεράφι
- 3 μίσχοι βασιλικός
- 20 γρ παρμεζάνα
- 1 ασκαλώνιο
- 8 αυγά
- 2 κουταλιές της σούπας τυρί creme fraiche
- 1 κουταλιά της σούπας βούτυρο

- 150 γρ πρόβειο τυρί
- άλας
- πιπέρι

ΠΑΡΑΣΚΕΥΗ

1. Πλένουμε το μοσχοκάρυδο και τον βασιλικό, τα κουνάμε και τα ψιλοκόβουμε. Τρίβουμε την παρμεζάνα. Ξεφλουδίστε και ψιλοκόψτε το ασκαλώνιο. Χτυπάμε ελαφρά τα αυγά με την κρεμ φρεν, την παρμεζάνα, το μοσχαράκι και το μισό βασιλικό.
2. Σε ένα πυρίμαχο τηγάνι λιώνουμε το βούτυρο, τσιγαρίζουμε το ασκαλώνιο, ρίχνουμε τα αυγά και θρυμματίζουμε τη φέτα από πάνω. Ψήνουμε σε προθερμασμένο φούρνο στους 200° για περίπου 10 λεπτά μέχρι να ροδίσουν.
3. Βγάζουμε από το φούρνο, αλατοπιπερώνουμε και σερβίρουμε πασπαλίζοντας με τον υπόλοιπο βασιλικό.

5. Ομελέτα με ντομάτα και μπέικον με φέτα

- Προετοιμασία: 15 λεπτά
- μερίδες 2

ΣΥΣΤΑΤΙΚΑ

- 8 ντοματίνια
- 1 κόκκινη πιπεριά τσίλι
- 50 g μπέικον πρωινού σε λεπτές φέτες
- 5 αυγά
- 100 ml γάλα χωρίς λακτόζη 1,5% λιπαρά
- άλας
- πιπέρι
- 100 γρ τυρί βοσκός
- 2 κουταλιές της σούπας βούτυρο
- 1 χούφτα βασιλικό

ΒΗΜΑΤΑ ΠΡΟΕΤΟΙΜΑΣΙΑΣ

1. Πλένουμε και κόβουμε στη μέση τις ντομάτες. Πλένουμε το τσίλι, το κόβουμε στη μέση, τον πυρήνα και το κόβουμε σε πολύ στενές λωρίδες. Κόβουμε το μπέικον σε λωρίδες πλάτους περίπου 4 εκ. Χτυπάμε τα αυγά με το

γάλα, αλατοπιπερώνουμε. Στεγνώστε το τυρί βοσκός και κόψτε σε κύβους.

2. Τηγανίζουμε το μισό μπέικον σε αντικολλητικό τηγάνι και μετά προσθέτουμε 1 κουταλάκι του γλυκού βούτυρο και το λιώνουμε. Το περιχύνουμε με το μισό μείγμα των αυγών και, όσο είναι ακόμα μαλακό, προσθέτουμε τις μισές ντομάτες και τις λωρίδες τσίλι. Πασπαλίζουμε με τη μισή ποσότητα τυριού και βασιλικού και αφήνουμε το αυγό να δέσει.
3. Σύρετε την ομελέτα σε ένα πιάτο και σερβίρετε.
4. Μεταποιήστε τα υπόλοιπα ΥΛΙΚΑ σε μια δεύτερη ομελέτα.

6. Ομελέτα κεχρί με νεκταρίνια

- Προετοιμασία: 20 λεπτά
- μαγείρεμα σε 40 λεπτά
- μερίδες 2

ΣΥΣΤΑΤΙΚΑ

- 40 γρ κεχρί
- 2 αυγά (m)
- 10 γραμμάρια ζάχαρη από ζαχαροκάλαμο (2 κουταλάκια του γλυκού)
- 1 πρέζα αλάτι

- 150 γρ γιαούρτι βανίλια (3,5% λιπαρά)
- 2 κουταλιές της σούπας πολτό ροδάκινου
- 250 γρ νεκταρίνι (2 νεκταρίνια)
- 2 κουταλιές της σούπας ηλιέλαιο

ΒΗΜΑΤΑ ΠΡΟΕΤΟΙΜΑΣΙΑΣ

1. Βράζουμε 75 ml νερό, ραντίζουμε το κεχρί και ανακατεύουμε. Χαμηλώνουμε αμέσως τη φωτιά και μαγειρεύουμε το κεχρί σκεπασμένο στη χαμηλότερη φωτιά για 7 λεπτά, ανακατεύοντας καλά αρκετές φορές. Κατεβάζουμε την κατσαρόλα από τη φωτιά και σκεπάζουμε τους κόκκους για άλλα 12 λεπτά. Αφήστε να κρυώσει.
2. Σε ένα μπολ βάζουμε τα αυγά, τη ζάχαρη και μια πρέζα αλάτι και χτυπάμε με ένα σύρμα. Ανακατεύουμε το κρύο κεχρί.
3. Σε ένα μπολ βάζουμε το γιαούρτι βανίλιας και τον πολτό ροδάκινου και ανακατεύουμε μέχρι να ομογενοποιηθούν.
4. Πλένουμε τα νεκταρίνια, τα τρίβουμε, τα κόβουμε στη μέση και τα λιώνουμε. Κόβουμε τον πολτό σε λεπτές φέτες.

5. Ζεσταίνουμε το λάδι σε ένα στρωμένο τηγάνι. Ρίχνουμε τη ζύμη από το κεχρί και ψήνουμε για περίπου 4 λεπτά σε μέτρια φωτιά. Γυρίζουμε την ομελέτα και ψήνουμε από την άλλη πλευρά για 4-5 λεπτά μέχρι να ροδίσει.
6. Τακτοποιούμε την ομελέτα κεχρί με γιαούρτι ροδάκινο και φέτες νεκταρίνι και σερβίρουμε.

7. Ομελέτες με ζυμαρικά και ανάμεικτα λαχανικά

- Προετοιμασία: 30 λεπτά
- μαγείρεμα σε 1 ώρα
- μερίδες 4

ΣΥΣΤΑΤΙΚΑ

- 150 γρ μπιζέλι κατεψυγμένο
- 1 κόκκινη πάπρικα
- 150 g καλαμπόκι (στραγγισμένο βάρος, κονσέρβες)
- 350 γρ πένες ολικής αλέσεως
- άλας

- 1 ασκαλώνιο
- 1 σκελίδα σκόρδο
- ελαιόλαδο
- 20 γρ παρμεζάνα (1 κομμάτι)
- 5 γρ μαϊντανός (0,25 ματσάκι)
- 100 ml γάλα (3,5% λιπαρά)
- 50 ml σαντιγί

ΒΗΜΑΤΑ ΠΡΟΕΤΟΙΜΑΣΙΑΣ

1. Ξεπαγώστε τον αρακά. Πλένουμε τις πιπεριές, τις κόβουμε στη μέση, αφαιρούμε τους σπόρους και τα λευκά εσωτερικά τοιχώματα και τις κόβουμε σε στενές, μικρές λωρίδες. Ρίχνουμε το καλαμπόκι σε ένα σουρωτήρι, το ξεπλένουμε με κρύο νερό και το στραγγίζουμε καλά.
2. Βράζουμε τα ζυμαρικά σε αλατισμένο νερό που βράζει σύμφωνα με τις οδηγίες της συσκευασίας, τα στραγγίζουμε, τα ξεπλένουμε με κρύο νερό και τα στραγγίζουμε καλά.
3. Καθαρίζουμε και ψιλοκόβουμε το κρεμμύδι και το σκόρδο. Ζεσταίνουμε 2 κουταλιές της

σούπας λάδι σε ένα ψηλό, πυρίμαχο τηγάνι και σοτάρουμε το εσαλότ και το σκόρδο σε μέτρια φωτιά μέχρι να γίνουν διάφανα. Προσθέτουμε τα λαχανικά, σοτάρουμε για λίγο και ανακατεύουμε τα ζυμαρικά. Τρίβουμε ψιλά την παρμεζάνα. Πλένουμε τον μαϊντανό, τον ανακινούμε και τον ψιλοκόβουμε. Χτυπάμε τα αυγά με το γάλα, την κρέμα γάλακτος και το τυρί, αλατοπιπερώνουμε, ανακατεύουμε τον μαϊντανό και περιχύνουμε με το μείγμα των ζυμαρικών.

Αφήνουμε να δέσει για λίγο και ψήνουμε σε προθερμασμένο φούρνο στους 200°C για 10-15 λεπτά μέχρι το τέλος. Αφαιρούμε, σβήνουμε και σερβίρουμε κομμένο σε κομμάτια.

8. Ομελέτα με σπανάκι και τυρί με σολομό

- Προετοιμασία: 20 λεπτά
- μαγείρεμα σε 45 λεπτά
- μερίδες 2

ΣΥΣΤΑΤΙΚΑ

- 1 μικρό κρεμμύδι
- 200 γρ φιλέτο σολομού
- 200 γρ μοτσαρέλα
- 200 γρ σπανάκι
- 5 αυγά

- 2 κουταλιές της σούπας γάλα
- 1 κουταλάκι του γλυκού βούτυρο
- άλας
- πιπέρι

ΒΗΜΑΤΑ ΠΡΟΕΤΟΙΜΑΣΙΑΣ

1. Καθαρίζουμε τα κρεμμύδια και τα κόβουμε σε λεπτές φέτες. Πλένουμε το σολομό, στεγνώνουμε και κόβουμε σε κύβους. Κόβουμε τη μοτσαρέλα σε φέτες. Πλένουμε το σπανάκι και ανακινούμε να στεγνώσει.
2. Χτυπάμε τα αυγά και το γάλα σε ένα μπολ. Ζεσταίνουμε το βούτυρο σε ένα πυρίμαχο τηγάνι και σοτάρουμε το κρεμμύδι σε μέτρια φωτιά για 2 λεπτά. Ρίχνουμε μέσα τα αυγά, αλατοπιπερώνουμε και από πάνω ρίχνουμε σπανάκι, σολομό και μοτσαρέλα.
3. Ψήνετε τα πάντα σε προθερμασμένο φούρνο στους 180 ° C για περίπου 20-25 λεπτά, μέχρι να ψηθεί το αυγό και να σφίξει το μείγμα.

9. Γεμιστή ομελέτα

- Προετοιμασία: 20 λεπτά
- μαγείρεμα σε 35 λεπτά
- μερίδες 4

ΣΥΣΤΑΤΙΚΑ

- 40 g ρόκα (1 χούφτα)
- 300 γρ ντοματίνια
- 10 γρ σχοινόπρασο (0,5 ματσάκι)
- 8 αυγά

- 4 κουταλιές της σούπας ανθρακούχο μεταλλικό νερό
- άλας
- πιπέρι
- μοσχοκάρυδο
- 4 κουταλιές της σούπας ηλιέλαιο
- 150 γρ τυρί κρέμα σε κόκκους

ΒΗΜΑΤΑ ΠΡΟΕΤΟΙΜΑΣΙΑΣ

1. Πλένετε τη ρόκα και στεγνώνετε. Πλένουμε τις ντομάτες και τις κόβουμε στη μέση. Πλένουμε το σχοινόπρασο, ανακινούμε και κόβουμε σε ρολά.
2. Χτυπάμε τα αυγά με το νερό και το σχοινόπρασο και αλατοπιπερώνουμε και το φρεσκοτριμμένο μοσχοκάρυδο.
3. Ζεσταίνουμε 1 κουταλάκι του γλυκού ηλιέλαιο σε ένα αντικολλητικό τηγάνι και προσθέτουμε το 1/4 του γάλακτος αυγού. Τηγανίζουμε για 2 λεπτά σε μέτρια φωτιά, γυρίζουμε και τελειώνουμε το μαγείρεμα σε άλλα 2 λεπτά. Βγάζετε και διατηρείτε ζεστή στον προθερμασμένο φούρνο στους 80° C. Ψήνετε με αυτόν τον τρόπο άλλες 3 ομελέτες.

4. Τοποθετούμε τις ομελέτες σε 4 πιάτα και γεμίζουμε με τυρί κρέμα, ντομάτες και ρόκα. Αλατοπιπερώνουμε και χτυπάμε.

10. Ομελέτες με κολοκυθάκια

- Προετοιμασία: 25 λεπτά
- μερίδες 4

ΣΥΣΤΑΤΙΚΑ

- 10 αυγά
- 50 ml ρόφημα βρώμης (γάλα βρώμης)
- 2 κουταλιές της σούπας φρεσκοκομμένο βασιλικό
- άλας
- πιπέρι
- 2 κολοκυθάκια

- 250 γρ ντοματίνια
- 2 κουταλιές της σούπας ελαιόλαδο

ΒΗΜΑΤΑ ΠΡΟΕΤΟΙΜΑΣΙΑΣ

1. Χτυπάμε τα αυγά με το ρόφημα βρώμης και τον βασιλικό. Αλατοπιπερώνουμε.
2. Πλένουμε, καθαρίζουμε και κόβουμε τα κολοκυθάκια σε κομμάτια. Πλένουμε και κόβουμε στη μέση τις ντομάτες. Ανακατεύουμε τα λαχανικά χαλαρά, αλατοπιπερώνουμε και σοτάρουμε 1/4 λεπτό το καθένα σε λίγο καυτό λάδι. Ρίξτε το 1/4 των αυγών πάνω από το καθένα, ανακατέψτε και τηγανίστε για 4-5 λεπτά μέχρι να ροδίσουν και αφήστε το να δέσει. Ψήνετε και τις 4 ομελέτες με αυτόν τον τρόπο και σερβίρετε.

11. Ομελέτα με σολομό και αγγούρι

- Προετοιμασία: 10 λεπτά
- μαγείρεμα σε 22 λεπτά
- μερίδες 4

ΣΥΣΤΑΤΙΚΑ

- 120 γρ φέτες καπνιστού σολομού
- $\frac{1}{2}$ αγγούρι
- 3 κοτσάνια μαϊντανού
- 10 αυγά
- 50 ml σαντιγί
- άλας
- πιπέρι

- 4 κουταλιές της σούπας κραμβέλαιο

ΒΗΜΑΤΑ ΠΡΟΕΤΟΙΜΑΣΙΑΣ

1. Κόβουμε το σολομό σε λωρίδες. Πλένουμε, καθαρίζουμε και κόβουμε σε φέτες το αγγούρι. Πλένουμε τον μαϊντανό, ανακινούμε και τον ψιλοκόβουμε.
2. Χτυπάμε τα αυγά με την κρέμα γάλακτος και 2 κουταλιές της σούπας μαϊντανό. Αλατοπιπερώνουμε.
3. Ρίξτε 1 κουταλάκι του γλυκού λάδι σε ένα ζεστό, καλυμμένο τηγάνι. Ρίξτε το 1/4 του αυγού και αφήστε το να δέσει σιγά σιγά για 2-3 λεπτά σε μέτρια φωτιά. Διπλώνουμε και βάζουμε σε ένα πιάτο με μερικές φέτες αγγουριού.
4. Ψήνετε έτσι και τις τέσσερις ομελέτες, σκεπάζετε με τον σολομό και σερβίρετε πασπαλίζοντας με τον υπόλοιπο μαϊντανό.

12. Ομελέτα μανιταριών με ντομάτες

- Προετοιμασία: 20 λεπτά
- μερίδες 4

ΣΥΣΤΑΤΙΚΑ

- 1 φρέσκο κρεμμυδάκι
- 100 γρ μανιτάρια
- 1 μικρή ντομάτα
- 1 κουταλιά της σούπας κραμβέλαιο
- άλας
- πιπέρι
- 1 αυγό (μέγεθος l)
- 1 κουταλιά της σούπας ανθρακούχο μεταλλικό νερό
- 45 γρ τοστ ολικής αλέσεως (1,5 φέτα)

ΒΗΜΑΤΑ ΠΡΟΕΤΟΙΜΑΣΙΑΣ

1. Πλένουμε και καθαρίζουμε τα φρέσκα κρεμμυδάκια και τα κόβουμε σε λεπτές ροδέλες. Καθαρίζουμε τα μανιτάρια, τα καθαρίζουμε με ένα πινέλο και τα κόβουμε σε φέτες.
2. Πλένουμε την ντομάτα, αφαιρούμε το κοτσάνι και κόβουμε σε φέτες.
3. Ζεσταίνουμε το λάδι σε ένα στρωμένο τηγάνι. Τηγανίζουμε σε αυτό τα φρέσκα κρεμμυδάκια και τα μανιτάρια σε μέτρια φωτιά. Αλατοπιπερώνουμε και συνεχίζουμε το τηγάνισμα για 3-4 λεπτά, γυρίζοντας συχνά σε μέτρια φωτιά.
4. Βάζετε το αυγό με μια πρέζα αλάτι και μεταλλικό νερό σε ένα μικρό μπολ και χτυπάτε με ένα σύρμα.
5. Ρίχνουμε το χτυπημένο αυγό πάνω από τα λαχανικά στο τηγάνι και το αφήνουμε για 3-4 λεπτά.

6. Εν τω μεταξύ, φρυγανίστε το ψωμί και προσθέστε φέτες ντομάτας. Σύρετε την ομελέτα από το τηγάνι πάνω στο ψωμί και σερβίρετε.

13. Φριτάτα ζαμπόν και ρόκας

- Προετοιμασία: 20 λεπτά
- μαγείρεμα σε 35 λεπτά
- μερίδες 4

ΣΥΣΤΑΤΙΚΑ

- 90 g ωμό ζαμπόν (6 φέτες)
- 80 γρ ρόκα (1 μάτσο)
- 20 γρ παρμεζάνα (1 κομμάτι)
- 10 αυγά
- 200 ml γάλα (1,5% λιπαρά)
- άλας
- πιπέρι
- 50 γρ κρέμα γάλακτος

5 γρ βούτυρο (1 κουταλάκι του γλυκού)

ΒΗΜΑΤΑ ΠΡΟΕΤΟΙΜΑΣΙΑΣ

1. Κόβετε στα τέταρτα τις φέτες ζαμπόν. Πλένετε τη ρόκα και στεγνώνετε. Τρίβουμε την παρμεζάνα και αφήνουμε στην άκρη 1 κουτ.
2. Χτυπάμε τα αυγά με το γάλα και αλατοπιπερώνουμε. Ανακατεύουμε την κρέμα γάλακτος και την παρμεζάνα.
3. Ζεσταίνουμε το βούτυρο σε ένα μεγάλο αντικολλητικό τηγάνι. Προσθέστε το 1/3 του μείγματος των αυγών και καλύψτε με το μισό ζαμπόν και τη ρόκα. Βάζουμε από πάνω άλλο ένα 1/3 από το μείγμα των αυγών, σκεπάζουμε με το υπόλοιπο ζαμπόν και τη ρόκα και τελειώνουμε με το υπόλοιπο μείγμα αυγών.
4. Αφήνουμε τη φριτάτα να σταθεί σε προθερμασμένο φούρνο στους 200°C για περίπου 12-15 λεπτά.
5. Κόβετε τη φριτάτα σε κομμάτια, τη χωρίζετε σε 4 πιάτα και πασπαλίζετε με την υπόλοιπη παρμεζάνα που έχετε αφήσει στην άκρη.

□

14. Κις με κατσικίσιο τυρί κολοκυθάκια

- Προετοιμασία: 30 λεπτά
- μαγείρεμα σε 50 λεπτά
- μερίδες 4

ΣΥΣΤΑΤΙΚΑ

- 2 κολοκυθάκια
- 8 αυγά
- 150 ml σαντιγί με τουλάχιστον 30% λιπαρά
- άλας
- πιπέρι από το μύλο

μοσχοκάρυδο

- 2 κουταλιές της σούπας ελαιόλαδο
- 1 σκελίδα σκόρδο
- 150 γρ ρολό κατσικίσιο τυρί

ΒΗΜΑΤΑ ΠΡΟΕΤΟΙΜΑΣΙΑΣ

1. Προθερμαίνουμε τον φούρνο στους 200°C πάνω και κάτω φωτιά. Πλένουμε και καθαρίζουμε τα κολοκυθάκια και τα κόβουμε σε λεπτές φέτες. Χτυπάμε τα αυγά με την κρέμα γάλακτος και αλατοπιπερώνουμε και το μοσχοκάρυδο.
2. Ζεσταίνουμε το λάδι σε ένα τηγάνι και τηγανίζουμε τις φέτες κολοκυθιού, γυρίζοντας κατά διαστήματα. Καθαρίζουμε και στύβουμε το σκόρδο. Ρίχνετε μέσα την αυγολέμονο, την μοιράζετε ομοιόμορφα και την αφήνετε να δέσει για λίγο.
3. Κόβουμε το κατσικίσιο τυρί κατά μήκος και το κόβουμε σε λεπτές φέτες. Το απλώνουμε στη φριτάτα και ψήνουμε στον προθερμασμένο φούρνο για περίπου 10 λεπτά μέχρι να ροδίσει. Σερβίρουμε κομμένο σε κομμάτια.

□

15. Τορτίγια πιπεριάς και πατάτας

- Προετοιμασία: 30 λεπτά
- μαγείρεμα σε 45 λεπτά
- μερίδες 4

ΣΥΣΤΑΤΙΚΑ

- 700 γραμμάρια αλευρώδεις πατάτες
- άλας
- 1 κόκκινη πιπεριά
- 2 ντομάτες
- 1 κρεμμύδι
- 1 σκελίδα σκόρδο
- 2 κουταλιές της σούπας ελαιόλαδο

πιπέρι

- 8 αυγά
- 4 κουταλιές της σούπας γάλα (1,5% λιπαρά)
- 2 κλαδιά θυμάρι
- 20 γρ παρμεζάνα (1 κομμάτι)

ΒΗΜΑΤΑ ΠΡΟΕΤΟΙΜΑΣΙΑΣ

1. Πλένουμε τις πατάτες και τις βράζουμε σε αλατισμένο νερό για περίπου 20 λεπτά.
2. Στο μεταξύ πλένουμε και καθαρίζουμε τις πιπεριές και τις κόβουμε σε λωρίδες. Πλένουμε τις ντομάτες και τις κόβουμε σε φέτες. Καθαρίζουμε το κρεμμύδι και το σκόρδο και τα ψιλοκόβουμε.
3. Στραγγίζουμε τις πατάτες, τις αφήνουμε να εξατμιστούν, τις ξεφλουδίζουμε και τις κόβουμε σε μπουκιές.
4. Ζεσταίνουμε το ελαιόλαδο σε ένα πυρίμαχο τηγάνι. Τηγανίζουμε τους κύβους πατάτας σε αυτό σε μέτρια φωτιά για περίπου 5 λεπτά, ανακατεύοντας κατά διαστήματα. Προσθέτουμε την πάπρικα, το κρεμμύδι και το σκόρδο, αλατοπιπερώνουμε και τσιγαρίζουμε για άλλα 2

□

λεπτά. Ανακατεύουμε προσεκτικά τις φέτες ντομάτας.

5. Χτυπάμε τα αυγά και το γάλα, αλατοπιπερώνουμε και αδειάζουμε στο τηγάνι. Απλώνουμε ομοιόμορφα το αυγόγαλα γυρίζοντας και γέρνοντας ελαφρά το ταψί και αφήνουμε να σφίξει για 2 λεπτά. Ψήνω σε προθερμασμένο φούρνο στους 180°C για 15 λεπτά περίπου.
6. Στο μεταξύ, πλένουμε το θυμάρι, ανακινούμε και αφαιρούμε τα φύλλα. Κόβουμε την παρμεζάνα σε φέτες.

   Πασπαλίστε και τα δύο πάνω από την τορτίγια.

16. Ομελέτα Caprese

- Συνολικός χρόνος: 5 λεπτά
- Μερίδες 2

ΣΥΣΤΑΤΙΚΑ

- 2 κουταλιές της σούπας ελαιόλαδο
- Έξι αυγά
- 100 γραμμάρια ντοματίνια, κομμένα στη μέση ή ντομάτες κομμένες σε φέτες
- 1 κουταλιά της σούπας φρέσκο βασιλικό ή αποξηραμένο βασιλικό
- 150 g (325 ml) φρέσκο τυρί μοτσαρέλα

- αλατοπίπερο

Προετοιμασίες

1. Για να ανακατέψετε, σπάστε τα αυγά σε ένα μπολ και προσθέστε αλάτι κατά βούληση και μαύρο πιπέρι. Με ένα πιρούνι χτυπάμε καλά μέχρι να αναμειχθούν όλα.
2. Προσθέστε τον βασιλικό και στη συνέχεια ανακατέψτε. Κόβουμε τις ντομάτες στη μέση ή σε φέτες. Ψιλοκόβουμε το τυρί ή το κόβουμε σε φέτες. Σε ένα μεγάλο τηγάνι ζεσταίνουμε το λάδι.
3. Για λίγα λεπτά τηγανίζουμε τις ντομάτες. Περιχύνουμε τις ντομάτες με το μείγμα των αυγών. Περιμένετε και προσθέτετε το τυρί μέχρι να σφίξει λίγο. Χαμηλώνουμε τη φωτιά και αφήνουμε να σκληρύνει η ομελέτα. Σερβίρετε αμέσως και απολαύστε!

17. Ομελέτα από τυρί Κέτο

- Συνολικός χρόνος: 15 λεπτά,
- Μερίδες 2

ΣΥΣΤΑΤΙΚΑ

- 75 γρ βούτυρο
- Έξι αυγά
- 200 γραμμάρια τυρί τσένταρ τριμμένο
- Αλάτι και μαύρο πιπέρι αλεσμένο για γεύση

Προετοιμασίες

1. Χτυπάμε τα αυγά μέχρι να μαλακώσουν και να αφρατέψουν ελαφρά. Προσθέστε το μισό από το τριμμένο τυρί τσένταρ και ανακατέψτε. Αλάτι και πιπέρι για να γευτείς.
2. Λιώνουμε το βούτυρο σε ένα ζεστό τηγάνι. Ρίξτε το μείγμα των αυγών και αφήστε το να σταθεί για λίγα λεπτά. Χαμηλώνουμε τη φωτιά και συνεχίζουμε το μαγείρεμα μέχρι να γίνει σχεδόν το μείγμα των αυγών.
3. Προσθέστε το υπόλοιπο τριμμένο τυρί. Διπλώνουμε και σερβίρουμε αμέσως. Αρωματίστε τη δημιουργία σας με μυρωδικά, ψιλοκομμένα λαχανικά ή ακόμα και μεξικάνικη σάλτσα.
4. Και μη διστάσετε να μαγειρέψετε την τορτίγια με ελαιόλαδο ή λάδι καρύδας για να έχει διαφορετικό γευστικό προφίλ.

18. Ομελέτα πρωινού

- Συνολικός χρόνος: 10,
- Μερίδες: 2

Συστατικά:

- 2 αυγα
- 3 ασπράδια αυγών
- 1 κουταλιά της σούπας νερό
- 1/2 κουταλάκι του γλυκού ελαιόλαδο
- 1/4 κουταλάκι του γλυκού αλάτι
- $\frac{1}{4}$ κουταλάκι του γλυκού αλεσμένο πιπέρι

Παρασκευή:

1. Χτυπάμε τα αυγά, τα ασπράδια, το αλάτι, το πιπέρι και το νερό σε ένα μπολ μέχρι να αφρατέψουν.
2. Ζεσταίνουμε το μισό λάδι σε ένα τηγάνι σε μέτρια φωτιά. Ρίχνουμε το μισό μείγμα των αυγών.
3. Μαγειρέψτε για μερικά λεπτά, ενώ ανασηκώνετε τις άκρες χρησιμοποιώντας μια σπάτουλα κάθε τόσο. Διπλώστε στο μισό.
4. Χαμηλώνουμε τη φωτιά και συνεχίζουμε το μαγείρεμα για ένα λεπτό. Επαναλάβετε τη διαδικασία για το υπόλοιπο μείγμα αυγών.

19. Ομελέτα τυριού με μυρωδικά

- συνολικός χρόνος 20 λεπτά,
- μερίδες 4

ΣΥΣΤΑΤΙΚΑ

- 3 μίσχοι κεράφι
- 3 μίσχοι βασιλικός
- 20 γρ παρμεζάνα
- 1 ασκαλώνιο
- 8 αυγά
- 2 κουταλιές της σούπας τυρί creme fraiche
- 1 κουταλιά της σούπας βούτυρο
- 150 γρ πρόβειο τυρί

- άλας
- πιπέρι

ΒΗΜΑΤΑ ΠΡΟΕΤΟΙΜΑΣΙΑΣ

1. Πλένουμε το μοσχοκάρυδο και τον βασιλικό, τα κουνάμε και τα ψιλοκόβουμε. Τρίβουμε την παρμεζάνα. Ξεφλουδίστε και ψιλοκόψτε το ασκαλώνιο.
2. Χτυπάμε ελαφρά τα αυγά με την κρεμ φρεν, την παρμεζάνα, το μοσχαράκι και το μισό βασιλικό. Σε ένα πυρίμαχο τηγάνι λιώνουμε το βούτυρο, τσιγαρίζουμε το ασκαλώνιο, ρίχνουμε τα αυγά και θρυμματίζουμε τη φέτα από πάνω.
3. Ψήνουμε σε προθερμασμένο φούρνο στους 200°C για περίπου 10 λεπτά μέχρι να ροδίσουν. Βγάζουμε από το φούρνο, αλατοπιπερώνουμε και σερβίρουμε πασπαλίζοντας με τον υπόλοιπο βασιλικό.

20. Ομελέτα τυριού

- Συνολικός χρόνος 30 λεπτά,
- σερβίρισμα 4

ΣΥΣΤΑΤΙΚΑ

- 10 αυγά
- 50 ml σαντιγί
- 100 γρ τριμμένο Emmentaler
- άλας
- άσπρο πιπέρι
- 250 γρ γκοργκοντζόλα
- 4 κουταλιές της σούπας φυτικό λάδι

ΒΗΜΑΤΑ ΠΡΟΕΤΟΙΜΑΣΙΑΣ

1. Χτυπάμε τα αυγά με την κρέμα και το Emmentaler. Αλατοπιπερώνουμε με λίγο.
2. Κόβουμε τη Γκοργκοντζόλα και την αφήνουμε στην άκρη. Ζεσταίνουμε 1 κουταλιά της σούπας λάδι σε ένα τηγάνι και προσθέτουμε περίπου το 1/4 του μείγματος των αυγών.
3. Αφήνουμε να δέσει σε χαμηλή θερμοκρασία για 2 λεπτά, μετά βάζουμε το 1/4 της Gorgonzola στη μέση και διπλώνουμε την ομελέτα δεξιά και αριστερά.
4. Τηγανίζουμε για άλλα 2 λεπτά, μέχρι να Η Gorgonzola είναι υγρή και η ομελέτα είναι χρυσοκάστανη. Ψήνετε και τις 4 ομελέτες έτσι και σερβίρετε.

21. Φριτάτα με ζαμπόν και φέτα

- Προετοιμασία: 20 λεπτά
- μαγείρεμα σε 34 λεπτά
- μερίδες 4

ΣΥΣΤΑΤΙΚΑ

- 8 αυγά
- 600 γρ
- βραστές πατάτες
- 1 καλάμι πράσο
- 100 γρ μαγειρεμένο ζαμπόν
- 1 κόκκινη πιπεριά
- 75 γρ τριμμένο πεκορίνο
- άλας

πιπέρι από το μύλο

2 κουταλιές της σούπας ελαιόλαδο

ΒΗΜΑΤΑ ΠΡΟΕΤΟΙΜΑΣΙΑΣ

1. Προθερμαίνουμε τον φούρνο στους 180°C με ανεμιστήρα.
2. Χτυπάμε τα αυγά. Καθαρίζουμε τις πατάτες και τις κόβουμε σε μικρούς κύβους. Πλένουμε και καθαρίζουμε το πράσο και το κόβουμε σε λεπτούς δακτυλίους. Κόβουμε το ζαμπόν σε λεπτές λωρίδες. Πλένουμε, κόβουμε στη μέση, τον πυρήνα και κόβουμε τις πιπεριές. Ανακατεύουμε τα αυγά με το πεκορίνο, τις πατάτες, το πράσο, την πιπεριά και το ζαμπόν. Αλατοπιπερώνουμε. Ζεσταίνουμε το λάδι σε αντικολλητικό τηγάνι, προσθέτουμε το μείγμα των αυγών, τηγανίζουμε για 1-2 λεπτά και ψήνουμε στο φούρνο για περίπου 12 λεπτά μέχρι να ροδίσουν.
3.

□

□

22. Τορτίγια με σπανάκι

- Προετοιμασία: 25 λεπτά
- μαγείρεμα σε 40 λεπτά
- μερίδες 4

ΣΥΣΤΑΤΙΚΑ

- 350 γρ φύλλα σπανακιού
- άλας
- 1 κόκκινη πιπεριά
- 1 φυτικό κρεμμύδι
- 2 σκελίδες σκόρδο
- 50 γρ αμύγδαλα
- 5 αυγά
- 100 ml μεταλλικό νερό πιπέρι μοσχοκάρυδο

• 15 γραμμάρια γκι (βούτυρο κλαρί, 1 κουταλιά της σούπας)

ΒΗΜΑΤΑ ΠΡΟΕΤΟΙΜΑΣΙΑΣ

1. Πλένουμε το σπανάκι, στεγνώνουμε, ζεματίζουμε σε βραστό αλατισμένο νερό για 1 λεπτό. Αδειάζουμε, σβήνουμε με κρύο, εκφράζουμε καλά.
2. Πλένουμε, καθαρίζουμε και κόβουμε την πιπεριά σε κύβους.
3. Καθαρίζουμε το κρεμμύδι και το σκόρδο και τα ψιλοκόβουμε. Ψιλοκόβουμε τα αμύγδαλα.
4. Χτυπάμε τα αυγά με μεταλλικό νερό, αλατοπιπερώνουμε και φρεσκοτριμμένο μοσχοκάρυδο.
5. Λιώστε το γκι σε ένα ψηλό, πυρίμαχο τηγάνι. Σοτάρετε σε αυτό το κρεμμύδι και το σκόρδο σε μέτρια φωτιά για 1-2 λεπτά μέχρι να γίνουν διάφανα. Προσθέτουμε την πάπρικα και το σπανάκι και τα περιχύνουμε με το μείγμα των αυγών. Προσθέστε τα αμύγδαλα και αφήστε τα να δέσει για 2 λεπτά.
6. Ψήνουμε την τορτίγια σε προθερμασμένο φούρνο στους 200°C για 10-15 λεπτά μέχρι να ροδίσει.

7. Αφαιρούμε και σερβίρουμε κομμένο σε κομμάτια.

23. Ομελέτα με κρεμμύδια και ελιές

- Προετοιμασία: 20 λεπτά
- μερίδες 4

ΣΥΣΤΑΤΙΚΑ

- 5 μεγάλα αυγά
- 5 κουταλιές της σούπας γάλα

- άλας
- φρεσκοτριμμένο πιπέρι
- 2 κουταλιές της σούπας τριμμένη παρμεζάνα
- 2 κουταλιές της σούπας βασιλικό ψιλοκομμένο
- 4 κουταλιές της σούπας ελιές χωρίς κουκούτσι ψιλοκομμένες

1 κόκκινο κρεμμύδι

2 σούπας ελαιόλαδο

ΒΗΜΑΤΑ ΠΡΟΕΤΟΙΜΑΣΙΑΣ

1. Ανακατεύουμε τα αυγά με το γάλα, αλάτι, πιπέρι, παρμεζάνα και βασιλικό. Καθαρίζουμε το κρεμμύδι και το κόβουμε σε λεπτές λωρίδες.
2. Ζεσταίνουμε απαλά το ελαιόλαδο σε ένα μεγάλο τηγάνι. Σε αυτό τσιγαρίζουμε απαλά τα κρεμμύδια και τις ελιές. Αλατοπίπερο. Ρίχνουμε μέσα τα αυγά και τα μοιράζουμε ομοιόμορφα στο τηγάνι. Το αφήνουμε να δέσει σε ήπια φωτιά. Γυρίζουμε την ομελέτα και αφήνουμε και την άλλη πλευρά να δέσει. Σερβίρουμε σε ρολό και χλιαρό.

□

□

24. Ισπανική τορτίγια πατάτας

- Προετοιμασία: 45 λεπτά
- μερίδες 6

ΣΥΣΤΑΤΙΚΑ

- 800 γρ πατάτες κυρίως κηρώδεις
- 2 φρέσκα κρεμμυδάκια
- 1 σκελίδα σκόρδο
- 3 κουταλιές της σούπας αρακάς (κατεψυγμένος)
- 8 αυγά
- άλας
- πιπέρι καγιέν
- φυτικό λάδι για τηγάνισμα

ΒΗΜΑΤΑ ΠΡΟΕΤΟΙΜΑΣΙΑΣ

1. Καθαρίζουμε τις πατάτες και τις κόβουμε σε φέτες πάχους 3 χιλιοστών. Καθαρίζουμε και πλένουμε τα φρέσκα κρεμμυδάκια και τα κόβουμε σε λοξούς δακτυλίους με το λεπτό πράσινο. Καθαρίζουμε το σκόρδο και το κόβουμε σε λεπτές λωρίδες.
2. Σε ένα αντικολλητικό τηγάνι με ψηλό χείλος ζεσταίνουμε το λάδι σε ύψος 2-3 εκ. Είναι αρκετά ζεστό όταν φουσκώνουν φυσαλίδες από μια ξύλινη λαβή κουταλιού που κρατάτε μέσα της.
3. Τρίβουμε τις πατάτες με μια πετσέτα κουζίνας και τις βάζουμε στο καυτό λάδι. Τηγανίζουμε σε μέτρια φωτιά για 7-8 λεπτά, γυρίζοντας κατά διαστήματα.
4. Εν τω μεταξύ, χτυπήστε ελαφρά τα αυγά σε ένα μεγάλο μπολ, αλλά μην τα χτυπήσετε μέχρι να αφρατέψουν και αλατοπιπερώστε το καθένα με μια δυνατή πρέζα αλάτι και πιπέρι καγιέν.
5. Προσθέστε τα φρέσκα κρεμμυδάκια και, αν θέλετε, το σκόρδο στις πατάτες και τηγανίστε για 2 λεπτά. Στραγγίζουμε τις πατάτες από ένα σουρωτήρι μαζεύοντας το λάδι (μπορεί να

ξαναχρησιμοποιηθεί), τις στραγγίζουμε καλά και τις αλατίζουμε.

6. Ζεσταίνουμε 2 κουταλιές της σούπας από το λάδι που έχουμε μαζέψει στο τηγάνι. Ανακατεύουμε τις πατάτες και τον αρακά με τα χτυπημένα αυγά, ρίχνουμε το μείγμα στο ζεστό λάδι και τηγανίζουμε σε δυνατή φωτιά για 2 λεπτά. Αποσύρετε από τη φωτιά, σκεπάζετε με αλουμινόχαρτο και ψήνετε σε προθερμασμένο φούρνο στους 200°C για περίπου. 25-30 λεπτά, μέχρι να φουσκώσει ολόκληρο το αυγό.
7. Σερβίρετε ζεστό.

25. Ομελέτα γεμιστή με φέτα

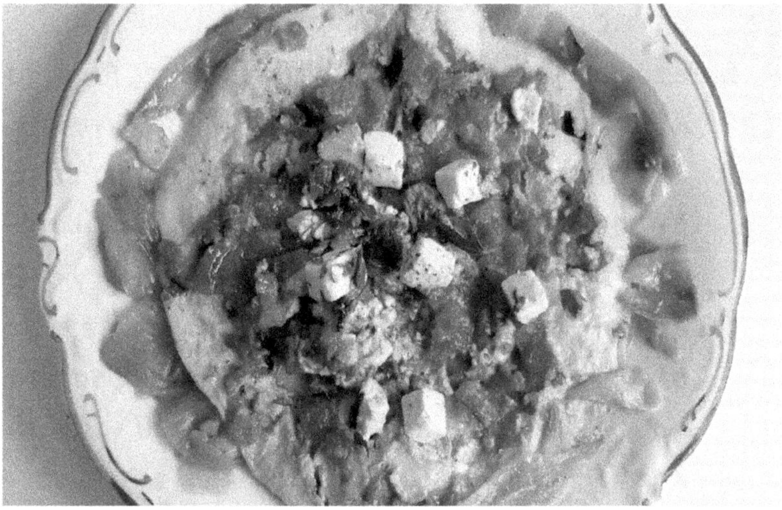

- Προετοιμασία: 40 λεπτά
- μερίδες 2 ΥΛΙΚΑ

- 1 ασκαλώνιο
- 4 αυγά
- άλας
- πιπέρι από το μύλο
- 4 κουταλιές της σούπας τυρί creme fraiche
- 2 κσ μουστάρδα
- 2 κσ χυμό λεμονιού
- 2 κουταλιές της σούπας βασιλικός ψιλοκομμένος

- 2 κουταλιές της σούπας βούτυρο
- 100 γρ
- φέτα
- βασιλικός

ΒΗΜΑΤΑ ΠΡΟΕΤΟΙΜΑΣΙΑΣ

1. Ξεφλουδίστε και ψιλοκόψτε το ασκαλώνιο. Ξεχωρίστε τα αυγά. Χτυπάμε τα ασπράδια με μια πρέζα αλάτι μέχρι να σφίξουν. Χτυπάμε τους κρόκους των αβγών με 2 κουταλιές της σούπας κρέμα γάλακτος, τη μουστάρδα, το χυμό λεμονιού και τον ψιλοκομμένο βασιλικό. Αλατοπιπερώνουμε, προσθέτουμε τα ασπράδια χαλαρά.
2. Σε ένα αντικολλητικό τηγάνι λιώνουμε το μισό βούτυρο. Προσθέτουμε το μισό κρεμμύδι και σοτάρουμε. Προσθέστε το μισό μείγμα της ομελέτας και μαγειρέψτε για 6-8 λεπτά μέχρι να ροδίσει η κάτω πλευρά και να πήξει η επιφάνεια ενώ σκεπάζετε το τηγάνι. Στη συνέχεια, τραβήξτε το τηγάνι από τη σόμπα.
3. Απλώνουμε 1 κουταλιά της σούπας creme fraiche πάνω στην ομελέτα και σκεπάζουμε με τη μισή θρυμματισμένη φέτα,

αλατοπιπερώνουμε και με τη βοήθεια μιας σπάτουλας διπλώνουμε την ομελέτα.

4. Ψήνετε τη δεύτερη ομελέτα με τον ίδιο τρόπο (πιθανόν σε δεύτερο ταψί).
5. Τοποθετούμε τις ομελέτες σε πιάτα και σερβίρουμε γαρνίροντας με βασιλικό.

26. Κουσκούς σαλάτα με φράουλες

- Προετοιμασία: 35 λεπτά
- μερίδες 4

ΣΥΣΤΑΤΙΚΑ

- 250 γρ κουσκούς ολικής αλέσεως (στιγμιαίο)
- 40 γρ σταφίδες
- άλας
- 150 γρ μεταξωτό τόφου
- 1 κουταλιά της σούπας ρόφημα σόγιας (γάλα σόγιας)
- 1 κουταλάκι του γλυκού νιφάδες μαγιάς
- 1 κουταλιά της σούπας αλεύρι ρεβιθιού
- 1 κουταλάκι του γλυκού ταχίνι

- 1 πρέζα κουρκουμά
- 4 κουταλιές της σούπας ελαιόλαδο
- 150 γρ φράουλες
- 40 g ρόκα (1 χούφτα)
- 1 μίσχο μέντα
- 2 κουταλιές της σούπας χυμό λάιμ
- 1 κουταλάκι του γλυκού μέλι
- πιπέρι
- 1 κουταλιά της σούπας αμύγδαλα ξεφλουδισμένα

ΒΗΜΑΤΑ ΠΡΟΕΤΟΙΜΑΣΙΑΣ

1. Ανακατεύουμε το κουσκούς με τις σταφίδες και βράζουμε σε αλατισμένο νερό σύμφωνα με τις οδηγίες της συσκευασίας.
2. Εν τω μεταξύ, για τις λωρίδες ομελέτας, ανακατεύουμε σε ένα μπολ το μεταξωτό τόφου με το ρόφημα σόγιας, τις νιφάδες μαγιάς, το αλεύρι από ρεβίθια, την πάστα ταχινιού, τον κουρκουμά και μια πρέζα αλάτι. Ζεσταίνουμε 1 κουταλιά της σούπας λάδι σε ένα τηγάνι, προσθέτουμε το μείγμα και τηγανίζουμε σε μέτρια φωτιά για περίπου 1-2 λεπτά μέχρι να ροδίσει. Γυρίστε και τηγανίστε για άλλα 1-2

λεπτά μέχρι να ροδίσουν. Βγάζουμε από το τηγάνι, αφήνουμε να κρυώσει ελαφρώς και κόβουμε σε λεπτές λωρίδες.

3. Πλένουμε, καθαρίζουμε και κόβουμε σε φέτες τις φράουλες. Πλύνετε και καθαρίστε τη ρόκα, στεγνώστε την και κόψτε την σε κομμάτια μεγέθους μπουκιάς. Πλένουμε τη μέντα, ανακινούμε και αφαιρούμε τα φύλλα.
4. Για το dressing ανακατεύουμε το χυμό λάιμ με το μέλι και το υπόλοιπο λάδι και αλατοπιπερώνουμε. Αφράτε το κουσκούς με ένα πιρούνι και ανακατέψτε με το ντρέσινγκ.
5. Απλώνουμε το κουσκούς σε μια πιατέλα, ρίχνουμε από πάνω τις φράουλες και τη ρόκα και την ομελέτα και τον δυόσμο. Πασπαλίζουμε με αμύγδαλα.

27. Ομελέτα με φύκια

- Προετοιμασία: 15 λεπτά
- μαγείρεμα σε 20 λεπτά
- μερίδες 4

ΣΥΣΤΑΤΙΚΑ

- 12 αυγά
- 50 ml γάλα (3,5% λιπαρά)
- άλας
- πιπέρι από το μύλο
- 1 κουταλιά της σούπας βούτυρο
- 2 φύλλα φύκια nori

ΒΗΜΑΤΑ ΠΡΟΕΤΟΙΜΑΣΙΑΣ

1. Χτυπάμε τα αυγά με το γάλα και αλατοπιπερώνουμε. Τηγανίζουμε συνολικά 4 πολύ λεπτές ομελέτες τη μία μετά την άλλη. Για να το κάνετε αυτό, ζεστάνετε λίγο βούτυρο σε ένα επικαλυμμένο τηγάνι. Προσθέστε το ένα τέταρτο από το μείγμα αυγού-γάλακτος και τηγανίστε για 2-3 λεπτά σε μέτρια φωτιά. Χρησιμοποιήστε και το υπόλοιπο μείγμα αυγού-γάλακτος.
2. Απλώνουμε στην επιφάνεια εργασίας με μεμβράνη και από πάνω στρώνουμε τις ομελέτες, ελαφρώς επικαλυπτόμενες, σε ένα παραλληλόγραμμο. Κόβουμε τα φύλλα των φυκιών στο μέγεθος με ένα ψαλίδι και σκεπάζουμε με αυτά τις ομελέτες. Σκεπάζουμε με μεμβράνη, πιέζουμε ελαφρά και αφήνουμε να σταθεί για 5 λεπτά.
3. Αφαιρέστε το καπάκι και τυλίξτε τις ομελέτες από φύκια σφιχτά σε ρολό χρησιμοποιώντας το αλουμινόχαρτο. Κόψτε τα υπόλοιπα αποκόμματα φυκιών σε λεπτές λωρίδες. Κόβουμε το ρολό ομελέτας φυκιών σε φέτες, το μοιράζουμε σε πιάτα και γαρνίρουμε με λωρίδες φυκιών.

28. Ομελέτα με σπανάκι και σπαράγγια

- Προετοιμασία: 45 λεπτά
- μερίδες 4 ΥΛΙΚΑ

- 250 γραμμάρια πράσινα σπαράγγια
- ½ βιολογικό λεμόνι
- 2 κουταλιές της σούπας ελαιόλαδο
- 100 ml ζωμό λαχανικών
- άλας
- πιπέρι
- 125 g φύλλα φρέσκου σπανακιού
- 8 αυγά
- 150 ml γάλα (1,5% λιπαρά)

- 20 γρ παρμεζάνα (1 τεμάχιο, 30% λιπαρά σε ξηρή ύλη)
- 200 γρ ψωμί ολικής αλέσεως (4 φέτες)

ΒΗΜΑΤΑ ΠΡΟΕΤΟΙΜΑΣΙΑΣ

1. Ξεφλουδίστε τα σπαράγγια στο κάτω τρίτο και κόψτε τις ξυλώδεις άκρες. Ξεπλύνετε το μισό λεμόνι με ζεστό νερό, τρίψτε το, τρίψτε τη φλούδα και στύψτε το χυμό.
2. Ζεσταίνουμε λάδι σε ένα τηγάνι. Σοτάρουμε τα σπαράγγια σε μέτρια φωτιά για 2-3 λεπτά. Σβήνουμε με χυμό λεμονιού και ζωμό, αλατοπιπερώνουμε και βράζουμε σκεπασμένο σε χαμηλή φωτιά για 5 λεπτά μέχρι να γίνουν al dente. Στη συνέχεια αφαιρέστε το καπάκι από το τηγάνι και αφήστε το υγρό να εξατμιστεί.
3. Εν τω μεταξύ, καθαρίστε και πλύνετε το σπανάκι και ανακινήστε το. Χτυπάμε τα αυγά με το γάλα.

Καρυκεύουμε με αλάτι, πιπέρι και ξύσμα λεμονιού.

4. Αλείψτε ένα επικαλυμμένο τηγάνι με 1/2 κουταλάκι του γλυκού λάδι. Προσθέστε το 1/4 του μείγματος των αυγών και ανακατέψτε για να κατανεμηθεί ομοιόμορφα. Ρίχνουμε από πάνω το 1/4 από τα σπαράγγια και το σπανάκι. Βράζουμε την ομελέτα σε μέτρια φωτιά για 5-6 λεπτά και την αφήνουμε να ροδίσει ελαφρά. Διατηρείται ζεστό σε προθερμασμένο φούρνο στους 80°C.
5. Ψήνουμε με τον ίδιο τρόπο 3 ακόμα ομελέτες από το υπόλοιπο μείγμα των αυγών και τις κρατάμε ζεστές. Τρίβουμε ψιλά την παρμεζάνα. Διπλώνουμε τις ομελέτες μεταξύ τους, πασπαλίζουμε με τυρί και σερβίρουμε με το ψωμί.

29. Ομελέτα μπέικον

- Προετοιμασία: 30 λεπτά
- μαγείρεμα σε 45 λεπτά
- μερίδες 4

ΣΥΣΤΑΤΙΚΑ

- 150 γρ μπέικον πρωινού
- 8 αυγά
- 8 κουταλιές της σούπας γάλα
- βούτυρο για τηγάνισμα

□

□

- 1 κουταλιά της σούπας μαϊντανός φρεσκοκομμένος 1 κουταλιά σχοινόπρασο ρολά πιπεριά από το μύλο

ΒΗΜΑΤΑ ΠΡΟΕΤΟΙΜΑΣΙΑΣ

1. Κόβουμε το μπέικον σε φαρδιές λωρίδες, αφήνουμε σε ζεστό τηγάνι, τηγανίζουμε μέχρι να γίνει τραγανό, αφαιρούμε και το στραγγίζουμε σε απορροφητικό χαρτί.
2. Ανοίξτε 2 αυγά το καθένα σε ένα μπολ και ανακατέψτε καλά με 2 κουταλιές της σούπας γάλα με ένα σύρμα. Αλείφουμε ένα ζεστό τηγάνι με λίγο βούτυρο και ρίχνουμε μέσα το μείγμα των αυγών. Ανακατεύουμε σε χαμηλή φωτιά με μια σπάτουλα μέχρι να αρχίσει να πήζει το αυγό. Αν είναι νωπό και γυαλιστερό στην επιφάνεια, σκεπάζουμε με λίγο μπέικον, πασπαλίζουμε με μαϊντανό και σχοινόπρασο, πιπέρι, διπλώνουμε μαζί και σερβίρουμε.

30. Τορτίγια με κολοκυθάκια και πιπεριά

- Προετοιμασία: 30 λεπτά
- μαγείρεμα σε 50 λεπτά
- μερίδες 4 ΥΛΙΚΑ

- 1 κολοκυθάκι
- άλας
- 2 κόκκινες πιπεριές
- 2 φρέσκα κρεμμυδάκια
- 1 χούφτα βασιλικό

1 σκελίδα σκόρδο

2 σούπας ελαιόλαδο

□

□

□

πιπέρι από το μύλο

- 6 αυγά
- 4 κουταλιές της σούπας σαντιγί
- 50 γραμμάρια φρεσκοτριμμένο τυρί

ΒΗΜΑΤΑ ΠΡΟΕΤΟΙΜΑΣΙΑΣ

1. Προθερμαίνουμε τον φούρνο στους 200°C στην κορυφή
2. Πλένουμε και καθαρίζουμε τα κολοκυθάκια, κόβουμε κατά μήκος και σταυρωτά σε μπαστουνάκια. Αλατίζουμε και αφήνουμε το νερό να βράσει για περίπου 10 λεπτά. Στη συνέχεια στεγνώστε τα. Πλένουμε τις πιπεριές, τις κόβουμε στη μέση, τις καθαρίζουμε και τις κόβουμε σε κύβους. Πλένουμε και καθαρίζουμε τα φρέσκα κρεμμυδάκια και τα κόβουμε διαγώνια σε ροδέλες. Πλένουμε τον βασιλικό, στεγνώνουμε και ψιλοκόβουμε τα φύλλα. Καθαρίζουμε το σκόρδο και το κόβουμε σε λεπτές λωρίδες. Σοτάρουμε με πάπρικα και φρέσκα κρεμμυδάκια σε καυτό λάδι σε μεγάλο τηγάνι για 1-2 λεπτά. Προσθέτουμε τα κολοκυθάκια και τα σοτάρουμε για 1-2 λεπτά. Αλατοπιπερώνουμε. Πασπαλίζουμε με

βασιλικό. Χτυπάμε τα αυγά με την κρέμα και περιχύνουμε τα λαχανικά. Αφήνουμε να ψηθεί για λίγο και πασπαλίζουμε με το τυρί. Ψήνουμε στο φούρνο για 10-15 λεπτά μέχρι να ροδίσουν και αφήνουμε να δέσει.

□

□

□

31. Ιταλική ομελέτα με αρακά

- Προετοιμασία: 30 λεπτά
- μαγείρεμα σε 55 λεπτά
- μερίδες 4

ΣΥΣΤΑΤΙΚΑ

- 1 ασκαλώνιο
- 1 σκόρδο
- 40 γρ ρόκα (0,5 μάτσο)
- 500 γρ μπιζέλι κατεψυγμένο
- 7 αυγά
- 150 ml σαντιγί αλάτι πιπέρι

1 κουταλιά της σούπας ελαιόλαδο

ΒΗΜΑΤΑ ΠΡΟΕΤΟΙΜΑΣΙΑΣ

1. Καθαρίζουμε και ψιλοκόβουμε το ασκαλώνιο και το σκόρδο. Πλύνετε τη ρόκα, ταξινομήστε και στεγνώστε με ανακίνηση. Αφήνουμε τον αρακά να ξεπαγώσει.
2. Χτυπάμε τα αυγά σε ένα μπολ και τα χτυπάμε με την κρέμα γάλακτος, αλατοπιπερώνοντας. Ζεσταίνουμε το λάδι σε ένα πυρίμαχο τηγάνι και τσιγαρίζουμε τα ασκαλώνια και το σκόρδο σε μέτρια φωτιά μέχρι να γίνουν διάφανα. Ανακατεύουμε τον αρακά και σοτάρουμε για λίγο. Προσθέστε τα αυγά και αφήστε τα να δέσει για λίγο. Τοποθετούμε το ταψί σε προθερμασμένο φούρνο στους 200° και ψήνουμε για 15-20 λεπτά μέχρι να ροδίσει. Αποσύρουμε και σερβίρουμε, κόβουμε σε κομμάτια και γαρνίρουμε με ρόκα.

□

□

32. Ομελέτα με ισπανικό στιλ πατάτας

- Προετοιμασία: 40 λεπτά
- μερίδες 4

ΣΥΣΤΑΤΙΚΑ

- 600 γρ πατάτες 1 κόκκινη πιπεριά
- 1 κίτρινη πιπεριά
- 1 πράσινη πιπεριά
- 1 πιπεριά τσίλι ψιλοκομμένη
- 200 γρ σπανάκι
- 8 αυγά

1 κρεμμύδι

2 σκελίδες σκόρδο

ελαιόλαδο

- άλας
- πιπέρι από το μύλο

ΒΗΜΑΤΑ ΠΡΟΕΤΟΙΜΑΣΙΑΣ

1. Καθαρίζουμε και κόβουμε σε κύβους τις πατάτες. Τηγανίζουμε σιγά σιγά σε ένα μεγάλο τηγάνι με μπόλικο ελαιόλαδο για περ. 15 λεπτά, γυρίζοντας περιστασιακά. Δεν πρέπει να παίρνεις μπογιά.
2. Εν τω μεταξύ, πλένετε, κόβετε στη μέση, καθαρίζετε και ψιλοκόβετε τις πιπεριές.
3. Καθαρίζουμε το κρεμμύδι και το σκόρδο και τα ψιλοκόβουμε.
4. Πλένουμε, καθαρίζουμε και ασπρίζουμε για λίγο το σπανάκι σε αλατισμένο νερό που βράζει. Σβήνουμε, στύβουμε και ψιλοκόβουμε.
5. Βγάζετε τις πατάτες από το τηγάνι και αφαιρείτε το περιττό λάδι. Απλώς ιδρώστε το κρεμμύδι, το σκόρδο, το τσίλι, το σπανάκι και την πάπρικα σε λίγο λάδι, αφαιρέστε. Χτυπάμε τα αυγά, ανακατεύουμε με τα τηγανητά λαχανικά, αλατοπιπερώνουμε και τα

□

□

□

προσθέτουμε στο τηγάνι. Αφήστε το να δέσει σιγά σιγά για περίπου 5-6 λεπτά. Στη συνέχεια γυρίζουμε την τορτίγια με τη βοήθεια ενός πιάτου και τηγανίζουμε από την άλλη πλευρά μέχρι να ροδίσει. Σερβίρετε κρύο ή ζεστό, κομμένο σε κομμάτια.

33. Ομελέτα τυριού

- Προετοιμασία: 15 λεπτά
- μαγείρεμα σε 22 λεπτά
- σερβίρισμα 1

ΣΥΣΤΑΤΙΚΑ

- 3 αυγά
- 2 κουταλιές της σούπας σαντιγί
- αλάτι πιπέρι από το μύλο
- 1 φρέσκο κρεμμυδάκι
- 1 κόκκινη μυτερή πιπεριά
- 1 κουταλιά της σούπας βούτυρο
- 2 κουταλιές της σούπας τριμμένο τυρί zb cheddar

ΒΗΜΑΤΑ ΠΡΟΕΤΟΙΜΑΣΙΑΣ

1. Προθερμαίνουμε τον φούρνο στους 220°C πάνω από τη φωτιά. Ανακατεύουμε τα αυγά με την κρέμα και αλατοπιπερώνουμε. Πλένουμε και καθαρίζουμε τα φρέσκα κρεμμυδάκια και τα κόβουμε σε λεπτές ροδέλες. Πλένουμε τις πιπεριές, τις κόβουμε στη μέση, τις καθαρίζουμε και τις κόβουμε σε κύβους.
2. Σε ένα ζεστό τηγάνι βάζουμε το βούτυρο και ρίχνουμε μέσα το αυγό. Πασπαλίζουμε με τα φρέσκα κρεμμυδάκια και τις πιπεριές και αφήνουμε να δέσει για 1-2 λεπτά και ψήνουμε μέχρι να ροδίσουν. Τυλίγουμε και πασπαλίζουμε με τυρί. Ψήνουμε στο φούρνο για περίπου 5 λεπτά μέχρι να ροδίσουν.

34. Ομελέτα ντομάτας με πρόβειο τυρί

- Προετοιμασία: 20 λεπτά
- μερίδες 4

ΣΥΣΤΑΤΙΚΑ

- 8 αυγά
- 100 ml σαντιγί
- 3 ντομάτες
- 1 κουταλιά της σούπας βούτυρο
- 200 γρ φέτα σε κύβους
- άλας
- πιπέρι από το μύλο
- φρεσκοτριμμένο μοσχοκάρυδο

- 2 κουταλιές της σούπας βασιλικό ψιλοκομμένο για το γαρνίρισμα ΒΗΜΑΤΑ ΠΡΟΕΤΟΙΜΑΣΙΑΣ

1. Χτυπάμε τα αυγά με την κρέμα γάλακτος και αλατοπιπερώνουμε και το μοσχοκάρυδο. ο
2. Πλένουμε και τεμαχίζουμε τις ντομάτες, αφαιρούμε τους σπόρους και τις κόβουμε σε μικρούς κύβους. Ιδρώνουμε ελαφρά στο καυτό βούτυρο, προσθέτουμε τους κύβους φέτας και περιχύνουμε τα αυγά. Ανακατεύουμε μέχρι να αρχίσει να λιμνάζει η ομελέτα. Στη συνέχεια σκεπάζουμε και αφήνουμε σε χαμηλή φωτιά για περίπου 2 λεπτά. Κοιτάξτε την ομελέτα στα τέσσερα και τακτοποιήστε σε πιάτα. Σερβίρουμε πασπαλίζοντας με βασιλικό.

35. Ομελέτα με φέτα και λαχανικά

- Προετοιμασία: 30 λεπτά
- μαγείρεμα σε 55 λεπτά
- μερίδες 4

ΣΥΣΤΑΤΙΚΑ

- κονσέρβα καλαμποκιού 200 γρ
- 1 μελιτζάνα
- 2 κολοκυθάκια
- 300 γρ ντοματίνια
- 1 σκελίδα σκόρδο
- 4 κουταλιές της σούπας ελαιόλαδο
- άλας
- πιπέρι από το μύλο
- 1 κουταλάκι του γλυκού ρίγανη ξερή

- 7 αυγά
- 100 ml γάλα
- 200 γρ φέτα
- βασιλικός για γαρνίρισμα

ΒΗΜΑΤΑ ΠΡΟΕΤΟΙΜΑΣΙΑΣ

1. Πλένουμε και καθαρίζουμε τα λαχανικά. Στραγγίζουμε το καλαμπόκι σε ένα σουρωτήρι. Πλένουμε και καθαρίζουμε τη μελιτζάνα και τα κολοκυθάκια και τα κόβουμε σε μπαστουνάκια. Πλένουμε και κόβουμε στη μέση και τις ντομάτες. Ξεφλουδίστε το σκόρδο και ψιλοκόψτε σε λεπτές φέτες. Ζεσταίνουμε 2 κουταλιές της σούπας σε ένα τηγάνι, τσιγαρίζουμε το σκόρδο, τις μελιτζάνες, τα κολοκυθάκια και το καλαμπόκι, συνεχίζουμε το τσιγάρισμα για περίπου 4 λεπτά, ανακατεύοντας. Στη συνέχεια προσθέτουμε τις ντομάτες. Αλατοπιπερώνουμε, αλατοπιπερώνουμε, ρίγανη και ξύδι και αποσύρουμε από τη φωτιά.
2. Χτυπάμε τα αυγά με το γάλα, το αλάτι και το πιπέρι. Ζεσταίνουμε το υπόλοιπο λάδι σε ένα τηγάνι. Ρίχνουμε μέσα το 1/4 του μείγματος των αυγών και το αφήνουμε να ρεύσει

ομοιόμορφα γυρίζοντας και γέρνοντας ελαφρά το ταψί. Τηγανίζουμε μέχρι να ροδίσουν και από τις δύο πλευρές. Σε κάθε πιάτο βάζετε μια ομελέτα, σκεπάζετε τη μισή με το μείγμα λαχανικών, διπλώνετε και πασπαλίζετε με νιφάδες φέτας. Σερβίρουμε γαρνίροντας με βασιλικό.

36. Φριτάτα με κολοκυθάκια

- Προετοιμασία: 10 λεπτά
- μαγείρεμα σε 28 λεπτά
- μερίδες 4

ΣΥΣΤΑΤΙΚΑ

- 2 κολοκυθάκια
- 1 σκελίδα σκόρδο
- 1 κουταλιά της σούπας φρεσκοκομμένο θυμάρι
- 2 κουταλιές της σούπας ελαιόλαδο
- άλας
- πιπέρι από το μύλο
- 5 αυγά
- 50 ml σαντιγί

- 50 γρ τριμμένη παρμεζάνα

ΒΗΜΑΤΑ ΠΡΟΕΤΟΙΜΑΣΙΑΣ

1. Πλένουμε, καθαρίζουμε και κόβουμε σε φέτες τα κολοκυθάκια. Ξεφλουδίστε το σκόρδο και ψιλοκόψτε σε λεπτές φέτες. Ανακατεύουμε τα κολοκυθάκια με τα φύλλα θυμαριού και το σκόρδο και τα τηγανίζουμε σε καυτό λάδι σε τηγάνι για 2-3 λεπτά, αλατοπιπερώνουμε. Αδειάστε το υγρό που προκύπτει.
2. Χτυπάμε τα αυγά με την κρέμα, αλατοπιπερώνουμε, περιχύνουμε τα κολοκυθάκια και σκεπάζουμε και αφήνουμε να σταθούν για 8-10 λεπτά σε χαμηλή φωτιά. Στη συνέχεια γυρίζουμε τη φριτάτα με τη βοήθεια μιας μεγάλης πιατέλας, πασπαλίζουμε με την παρμεζάνα και σκεπάζουμε και ψήνουμε για 3-5 λεπτά.
3. Κόβουμε σε μικρά τετράγωνα για να σερβίρουμε.

37. Ομελέτες με πράσο και μπέικον

- Προετοιμασία: 50 λεπτά
- μερίδες 4

ΣΥΣΤΑΤΙΚΑ

- 150 γρ αλεύρι
- 2 αυγα
- 250 ml γάλα
- 2 κουταλιές της σούπας λάδι
- λάδι για τηγάνισμα
- Για τη γέμιση
- 75 γρ γκούντα ψιλοτριμμένο
- 500 γρ πράσο το λευκό και ανοιχτό πράσινο, πλυμένο και καθαρισμένο

- 75 γρ μπέικον πρωινού κομμένο σε κύβους
- άλας
- πιπέρι από το μύλο
- 4 κουταλιές της σούπας τυρί creme fraiche

ΒΗΜΑΤΑ ΠΡΟΕΤΟΙΜΑΣΙΑΣ

1. Ανακατεύουμε το αλεύρι με το αυγό, το γάλα, το λάδι και το αλάτι για τη ζύμη και αφήνουμε να μουλιάσει για περίπου. 30 λεπτά. Στη συνέχεια ανακατεύουμε 25 γρ τυρί Γκούντα.
2. Κόβουμε το πράσο σε λεπτούς δακτυλίους. Τηγανίζουμε το μπέικον σε ένα τηγάνι, προσθέτουμε το πράσο και μαγειρεύουμε σκεπασμένο για περίπου. 8-12 λεπτά. Καρυκεύουμε κατά βούληση με αλάτι, πιπέρι και creme fraiche,
3. Τηγανίζουμε 4 ομελέτες από το κουρκούτι στο λάδι, γεμίζουμε με το μείγμα του πράσου, πασπαλίζουμε με το υπόλοιπο τυρί και διπλώνουμε.
4. Ψήνουμε στο φούρνο στους 220°C για περ. 5 λεπτά, σερβίρετε ζεστό.

38. Ομελέτα μάνγκο

- Προετοιμασία: 45 λεπτά
- μερίδες 4

ΣΥΣΤΑΤΙΚΑ

- 2 ώριμα μάνγκο
- 1 βιολογικό λεμόνι
- 2 κουταλιές της σούπας ζάχαρη
- 8 αυγά
- άλας
- 4 κουταλιές της σούπας αλεύρι
- βούτυρο

ΒΗΜΑΤΑ ΠΡΟΕΤΟΙΜΑΣΙΑΣ

1. Καθαρίζουμε τα μάνγκο, κόβουμε τον πελτέ από το κουκούτσι και στις δύο πλευρές και κόβουμε σε λεπτές φέτες. Τρίψτε το ξύσμα του λεμονιού και στύψτε το χυμό.
2. Χωρίζουμε τα αυγά και χτυπάμε τα ασπράδια μέχρι να σφίξουν. Ανακατεύουμε τους κρόκους με τη ζάχαρη, το ξύσμα λεμονιού, μια καλή πρέζα αλάτι και το αλεύρι μέχρι να γίνουν κρέμα. Διπλώνουμε τα ασπράδια με το σύρμα.
3. Εν τω μεταξύ, ζεσταίνουμε λίγο βούτυρο σε ένα μικρό τηγάνι. Ρίχνουμε το κουρκούτι στο τηγάνι με μια μικρή κουτάλα (π.χ. κουτάλι σάλτσας) και σκεπάζουμε τις φέτες μάνγκο. Βάλτε ένα καπάκι και τηγανίστε για περίπου 2-3 λεπτά σε χαμηλή φωτιά μέχρι να ροδίσει, γυρίστε μια φορά και τηγανίστε για περίπου 1 λεπτό, στη συνέχεια αφαιρέστε και διατηρήστε το ζεστό. Ψήστε 8 μικρές ομελέτες τη μία μετά την άλλη

39. Τορτίγια πιπεριάς και πατάτας

- Προετοιμασία: 35 λεπτά οπτάνθρακα σε 1 ώρα και 35 λεπτά
- μερίδες 4

ΣΥΣΤΑΤΙΚΑ

- 700 g κυρίως κηρώδεις πατάτες
- άλας
- 3 κόκκινες πιπεριές
- 1 φυτικό κρεμμύδι
- 2 σκελίδες σκόρδο
- 6 αυγά
- 200 ml σαντιγί με περιεκτικότητα τουλάχιστον 30% σε λιπαρά
- 300 ml γάλα

- 100 γρ φρεσκοτριμμένη παρμεζάνα
- πιπέρι από το μύλο
- μοσχοκάρυδο
- 2 κουταλιές της σούπας φυτικό λάδι
- λίπος για το σχήμα

ΒΗΜΑΤΑ ΠΡΟΕΤΟΙΜΑΣΙΑΣ

1. Πλένουμε τις πατάτες και τις βράζουμε σε αλατισμένο νερό για 20-25 λεπτά. Στραγγίζουμε, ξεπλένουμε με κρύο νερό, ξεφλουδίζουμε και αφήνουμε να κρυώσει. Προθερμαίνουμε τον φούρνο στους 180°C πάνω και κάτω φωτιά.
2. Πλένουμε τις πιπεριές, τις κόβουμε στη μέση, αφαιρούμε τον πυρήνα, τις κόβουμε στη μέση οριζόντια και τις κόβουμε σε φαρδιές λωρίδες. Στη συνέχεια, ξεφλουδίστε και ψιλοκόψτε το κρεμμύδι και το σκόρδο.
3. Χτυπάμε τα αυγά με την κρέμα γάλακτος, το γάλα και το τυρί και αλατοπιπερώνουμε και το μοσχοκάρυδο. Κόβουμε τις πατάτες σε φέτες πάχους 0,5 εκ. και τις τηγανίζουμε σε ζεστό τηγάνι με λάδι μέχρι να ροδίσουν. Προσθέστε κύβους κρεμμυδιού και σκόρδου, τσιγαρίστε για

λίγο και βάλτε το σε λαδωμένο ταψί με τις λωρίδες πιπεριάς.

4. Περιχύνουμε με την κρέμα αυγού μέχρι να καλυφθούν όλα καλά και ψήνουμε στον προθερμασμένο φούρνο για 30-35 λεπτά μέχρι να ροδίσουν. Βγάζουμε, αφαιρούμε από τη φόρμα, κόβουμε σε κύβους 4x4 εκ. και σερβίρουμε με ξύλινο ξυλάκι.

40. Ομελέτες με κολοκυθάκια

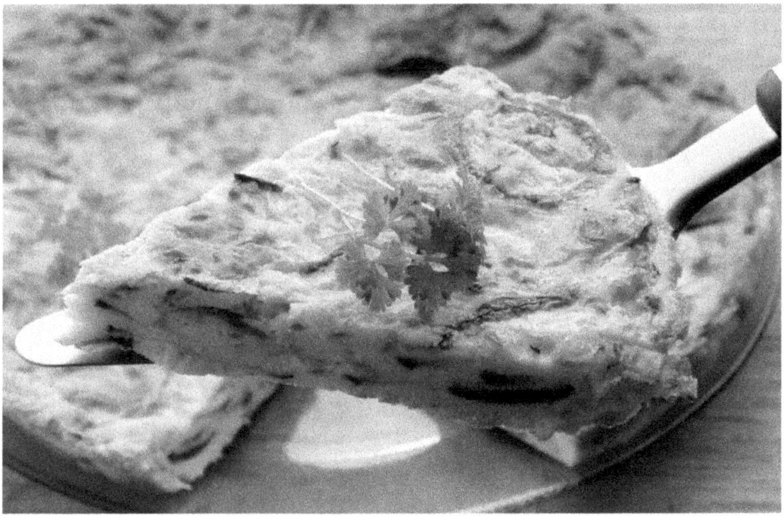

- Προετοιμασία: 25 λεπτά
- μερίδες 4

ΣΥΣΤΑΤΙΚΑ

- 10 αυγά
- 50 ml ρόφημα βρώμης (γάλα βρώμης)
- 2 κουταλιές της σούπας φρεσκοκομμένο βασιλικό
- άλας
- πιπέρι
- 2 κολοκυθάκια
- 250 γρ ντοματίνια
- 2 κουταλιές της σούπας ελαιόλαδο

ΒΗΜΑΤΑ ΠΡΟΕΤΟΙΜΑΣΙΑΣ

1. Χτυπάμε τα αυγά με το ρόφημα βρώμης και τον βασιλικό. Αλατοπιπερώνουμε.
2. Πλένουμε, καθαρίζουμε και κόβουμε τα κολοκυθάκια σε κομμάτια. Πλένουμε και κόβουμε στη μέση τις ντομάτες. Ανακατεύουμε τα λαχανικά χαλαρά, αλατοπιπερώνουμε και σοτάρουμε 1/4 λεπτό το καθένα σε λίγο καυτό λάδι. Ρίξτε το 1/4 των αυγών πάνω από το καθένα, ανακατέψτε και τηγανίστε για 4-5 λεπτά μέχρι να ροδίσουν και αφήστε το να δέσει. Ψήνετε και τις 4 ομελέτες με αυτόν τον τρόπο και σερβίρετε.

41. Ομελέτες με λαχανικά, κρουτόν και τόφου

- ΠΡΟΕΤΟΙΜΑΣΙΑ30 λεπτά
- μερίδες 2

Συστατικά:

- 250 γραμμάρια μεταξένιο τόφου
- 6 ντομάτες
- 4 φέτες ψωμί σταρένιο
- 2 κόκκινες γλυκές πιπεριές
- 2 κουταλιές της σούπας διαυγές βούτυρο
- 1 κουταλιά της σούπας ψιλοτριμμένη παρμεζάνα
- ένα μάτσο πράσινο σχοινόπρασο
- άλας
- αλεσμένο μαύρο πιπέρι
- πράσινος μαϊντανός

παρασκευή:

1. Πλένουμε όλα τα λαχανικά και τα χόρτα και τα στραγγίζουμε από το νερό. Κόβουμε τις ντομάτες σε μικρά κομμάτια. Αφαιρούμε τους σπόρους από την πιπεριά και την κόβουμε σε μικρούς κύβους. Ψιλοκόβουμε το σχοινόπρασο και τον πράσινο μαϊντανό. Σπάμε τα αυγά σε ένα φλιτζάνι, τα ανακατεύουμε με μια πρέζα αλάτι, πιπέρι και τριμμένη παρμεζάνα και τα ρίχνουμε σε ένα ζεστό τηγάνι χωρίς λιπαρά. Τηγανίζουμε τα πάντα και από τις δύο πλευρές μέχρι να δέσουν τελείως τα αυγά. Στη

συνέχεια αφαιρούμε από το τηγάνι και βάζουμε σε ένα πιάτο.

2. Κόβουμε το τόφου και τα ροδίζουμε ελαφρά σε 1 κουταλιά της σούπας βούτυρο σε ένα τηγάνι. Αφού ροδίσει, αφαιρούμε από το τηγάνι και τοποθετούμε την ομελέτα σε ένα πιάτο. Στη συνέχεια, προσθέστε ψιλοκομμένα λαχανικά σε αυτό και πασπαλίστε τα πάντα με ψιλοκομμένο σχοινόπρασο και πράσινο μαϊντανό. Στη συνέχεια, ροδίζουμε τις φέτες ψωμιού σταρένιο στο υπόλοιπο βούτυρο στο τηγάνι, τις αφαιρούμε και τις προσθέτουμε στο πιάτο.

42. Σνακ με ζαμπόν και ομελέτα

- ΠΡΟΕΤΟΙΜΑΣΙΑ έως 30 λεπτά
- μερίδες 2

Συστατικά:

- 200 γρ ζαμπόν σε φέτες
- 4 αυγά
- 2 κουταλιές της σούπας γάλα
- 1 κουταλιά της σούπας αλεύρι σίτου
- άλας
- αλεσμένο μαύρο πιπέρι
- κεφάλι από δασύτριχο μαρούλι

παρασκευή:

1. Μοιράζουμε τα μαρούλια σε φύλλα, τα πλένουμε καλά, τα στραγγίζουμε από το νερό και τα βάζουμε σε ένα ταψί. Σπάμε τα αυγά σε ένα φλιτζάνι, προσθέτουμε το αλεύρι, μια πρέζα αλάτι και πιπέρι, προσθέτουμε το γάλα και χτυπάμε το όλο με ένα πιρούνι.
2. Στη συνέχεια το αδειάζετε σε ένα ζεστό τηγάνι χωρίς λιπαρά και τηγανίζετε και από τις δύο πλευρές μέχρι να στερεοποιηθούν τελείως τα αυγά και στη συνέχεια κατεβάστε το από τη φωτιά. Βάζουμε τη τηγανισμένη ομελέτα σε φέτες ζαμπόν, την τυλίγουμε σε ρολά, την τοποθετούμε πάνω στα φύλλα μαρουλιού και τη στερεώνουμε με μικρές οδοντογλυφίδες.

43. Ομελέτα λαχανικών

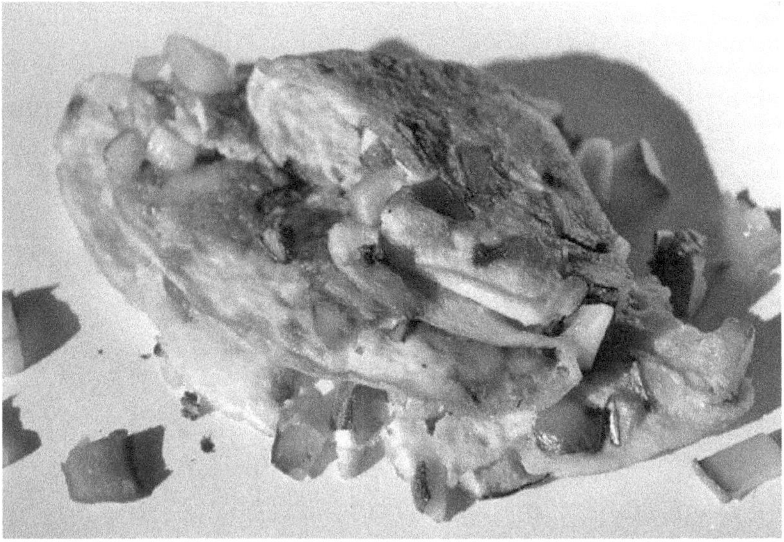

- προετοιμασία: 30-60 λεπτά
- μερίδες 2

Συστατικά:

- 6 αυγά
- 1 κόκκινη γλυκιά πιπεριά
- 1 πράσινη γλυκιά πιπεριά
- 1 κόκκινο κρεμμύδι
- 1 μπρόκολο
- 1 κουταλιά της σούπας αλεύρι σίτου
- 0,5 φλιτζάνια γάλα 2%
- άλας

□

αλεσμένο μαύρο πιπέρι

παρασκευή:

1. Πλένουμε όλα τα λαχανικά και τα στραγγίζουμε από το νερό. Αφαιρούμε τους σπόρους από τις κόκκινες και πράσινες πιπεριές και τις κόβουμε σε μικρά κομμάτια. Καθαρίζουμε το κόκκινο κρεμμύδι και το κόβουμε σε λεπτές φέτες.
2. Μοιράζουμε τα μπρόκολα σε μπουκίτσες, τα βάζουμε σε μια κατσαρόλα, ρίχνουμε ελαφρά αλατισμένο νερό για να μην κολλήσουν και τα ψήνουμε μέχρι να μαλακώσουν. Αφού βράσουμε το μπρόκολο, το στραγγίζουμε.
3. Στη συνέχεια, χτυπήστε τα αυγά σε ένα φλιτζάνι, ρίξτε το γάλα σε αυτά, προσθέστε το αλεύρι, μια πρέζα αλάτι και πιπέρι και χτυπήστε τα καλά με ένα σύρμα και μετά ρίξτε τα σε ένα ανθεκτικό στη θερμότητα σκεύος.
4. Προσθέστε όλα τα λαχανικά που έχετε ψιλοκομμένα προηγουμένως και το βρασμένο μπρόκολο. Βάλτε τα όλα σε προθερμασμένο φούρνο στους 175 ° C και ψήστε μέχρι να μαλακώσουν τα λαχανικά.
5. Μετά το ψήσιμο, αφαιρέστε από το φούρνο και κρυώστε ελαφρά.

44. Ομελέτες με Φρούτα

- προετοιμασία: έως 30 λεπτά
- μερίδες 2 Υλικά:

- 6 αυγά
- 1 κουταλάκι του γλυκού αλεύρι σίτου
- 0,5 φλιτζάνια γάλα 2%
- άλας
- ένα μάτσο σχοινόπρασο

□

ΚΑΡΠΟΣ:

6 μπανάνες

- 1 φλιτζάνι βατόμουρα

παρασκευή:

1. Πλένουμε τις μπανάνες και τα μούρα και τα στραγγίζουμε από το νερό. Αφαιρούμε τις άκρες από τις μπανάνες, τις ξεφλουδίζουμε, κόβουμε τη σάρκα σε λεπτές φέτες και τις βάζουμε σε ένα πιάτο.

Ετοιμάστε μια ομελέτα:

2. σπάστε τα αυγά σε ένα φλιτζάνι, ρίξτε το γάλα, προσθέστε το αλεύρι, μια πρέζα αλάτι και το ψιλοκομμένο σχοινόπρασο. Τα ανακατεύουμε όλα καλά με ένα πιρούνι, μετά τα ρίχνουμε σε ένα ζεστό τηγάνι χωρίς λιπαρά και τηγανίζουμε σε μέτρια φωτιά μέχρι να δέσει τελείως τα αυγά. Στη συνέχεια αποσύρουμε από τη φωτιά και προσθέτουμε στις μπανάνες στο πιάτο. Πασπαλίστε τα πάντα με βατόμουρα.

45. Ομελέτα μελιτζάνας

- ΠΡΟΕΤΟΙΜΑΣΙΑ έως 30 λεπτά
- μερίδες 2

Συστατικά:

- 4 αυγά
- 4 κουταλιές της σούπας λάδι
- 2 μελιτζάνες
- 2 ντομάτες
- 2 σκελίδες σκόρδο
- 2 λάιμ
- 1 κρεμμύδι
- άλας

αλεσμένο μαύρο πιπέρι

παρασκευή:

1. Πλένουμε τα λαχανικά και τα στραγγίζουμε από το νερό. Μελιτζάνα κομμένη σε φέτες πάχους 1 εκ. Κόβουμε τις ντομάτες σε μικρά κομμάτια. Καθαρίζουμε τα κρεμμύδια με το σκόρδο από τη φλούδα και τα ψιλοκόβουμε. Σπάμε τα αυγά σε ένα μπολ και τα χτυπάμε με ένα πιρούνι με μια πρέζα αλάτι και τριμμένο μαύρο πιπέρι. Βάζουμε τη μελιτζάνα σε φέτες σε ένα ζεστό τηγάνι με 1 κουταλιά της σούπας λάδι και τηγανίζουμε σε μέτρια φωτιά μέχρι να ροδίσουν. Κατόπιν τα βγάζετε από τη φωτιά και τα αφαιρείτε από τη φλούδα τους. Προσθέστε ψιλοκομμένες ντομάτες, το κρεμμύδι και το σκόρδο στα χτυπημένα αυγά και ανακατέψτε καλά. Στη συνέχεια ζεσταίνουμε το υπόλοιπο λάδι σε ένα τηγάνι και προσθέτουμε σε αυτό τις ψιλοκομμένες τηγανητές μελιτζάνες. Ρίξτε τα πάντα πάνω από τα ανάμεικτα αυγά και λαχανικά. Τηγανίζουμε τα πάντα και από τις δύο πλευρές μέχρι να ροδίσουν και αφού τηγανιστούν, αποσύρουμε από τη φωτιά και τα βάζουμε σε ένα πιάτο.

46. Ομελέτα με στρείδια

- ΠΡΟΕΤΟΙΜΑΣΙΑ30-60 λεπτά
- μερίδες 4

Συστατικά:

- 300 γραμμάρια κατεψυγμένα στρείδια
- 200 ml καυτερή σάλτσα τσίλι
- 3 κουταλιές της σούπας λάδι
- 2 σκελίδες σκόρδο
- 2 φύλλα μπανάνας
- 5 αυγά
- 0,5 φλιτζάνια γάλα 2%
- πράσινος μαϊντανός

□

άλας

- αλεσμένο μαύρο πιπέρι

παρασκευή:

1. Πλένουμε τα φύλλα πράσινου μαϊντανού και μπανάνας και στραγγίζουμε το νερό. Βάλτε τα φύλλα μπανάνας σε ένα πιάτο. Ξεπαγώστε τα στρείδια, κόψτε τα κοχύλια και αφαιρέστε τα μη βρώσιμα μέρη. Στη συνέχεια, ξεφλουδίζουμε το σκόρδο από τη φλούδα, το ψιλοκόβουμε και το τηγανίζουμε σε καυτό λάδι σε ένα τηγάνι.
2. Προσθέστε τα στρείδια κομμένα σε κομμάτια στο γλασαρισμένο σκόρδο. Τα τηγανίζουμε σε μέτρια φωτιά μέχρι να ροδίσουν ελαφρά. Στη συνέχεια χτυπάμε τα αυγά σε ένα φλιτζάνι, τα χτυπάμε με ένα πιρούνι με γάλα, μια πρέζα αλάτι, τριμμένο μαύρο πιπέρι και τα ρίχνουμε στα τηγανητά στρείδια. Ανακατεύουμε όλα καλά και τηγανίζουμε μέχρι να δέσει εντελώς τα αυγά. Κατόπιν κατεβάζουμε τα πάντα από τη φωτιά και τα βάζουμε σε ένα φύλλο μπανάνας σε ένα πιάτο. Πασπαλίζουμε το έτοιμο πιάτο με πράσινο μαϊντανό και σερβίρουμε μαζί με τη σάλτσα τσίλι.

47. Ρύζι με ομελέτα, μπέικον και κιχώριο

- ΠΡΟΕΤΟΙΜΑΣΙΑ30-60 λεπτά
- μερίδες 4

Συστατικά:

- 25 γρ φέτες καπνιστού μπέικον
- 3 αυγά
- 3 κουταλιές της σούπας λάδι
- 1 φλιτζάνι κολλώδες ρύζι
- 1 μικρή πορ
- 1 κόκκινο κιχώριο
- 1 κουταλιά της σούπας γάλα

□

1 κουταλιά της σούπας αλεύρι σίτου

- άλας
- πιπέρι

παρασκευή:

1. Πλένουμε τα λαχανικά και στραγγίζουμε το νερό. Στη συνέχεια, κόψτε το πράσο σε μικρά κομμάτια.
2. Κόβουμε το κιχώριο σε λεπτές φέτες. Αφήνουμε ολόκληρες τις τέσσερις φέτες μπέικον και τις υπόλοιπες τις κόβουμε σε κύβους. Ξεπλύνετε το ρύζι με τρεχούμενο νερό, ρίξτε το σε μια κατσαρόλα, ρίξτε δύο ποτήρια ελαφρά αλατισμένο νερό, βράστε το χαλαρό και εξατμίστε.
3. Σπάμε τα αυγά σε ένα μπολ, ρίχνουμε το γάλα σε αυτά, προσθέτουμε το αλεύρι, μια πρέζα αλάτι και πιπέρι και χτυπάμε με ένα πιρούνι. Ρίχνουμε τα χτυπημένα ΥΛΙΚΑ σε 1 κουταλιά της σούπας καυτό λάδι σε ένα τηγάνι και τηγανίζουμε μέχρι να δέσει.
4. Στη συνέχεια τα αποσύρουμε από τη φωτιά, τα κόβουμε σε μικρά κομμάτια και τα ανακατεύουμε με το βρασμένο ρύζι.
5. Στη συνέχεια ζεσταίνουμε το υπόλοιπο λάδι σε ένα τηγάνι, προσθέτουμε το ψιλοκομμένο

μπέικον και το πράσο, αλατοπιπερώνουμε με μπαχαρικά κατά βούληση και τηγανίζουμε μέχρι να ροδίσει το κρέας.

6. Στη συνέχεια, προσθέστε σε αυτό το ανακατεμένο ρύζι και την ομελέτα, ανακατέψτε το ξανά και τηγανίστε το, σκεπασμένο, για άλλο ένα λεπτό.
7. Μετά από αυτό το διάστημα, αφαιρέστε τα πάντα από τη φωτιά και βάλτε τα σε ένα πιάτο, προσθέτοντας τις υπόλοιπες φέτες μπέικον. Πασπαλίζουμε τα πάντα με ψιλοκομμένο κιχώριο.

48. Ομελέτα με φασόλια και ζαμπόν

Συστατικά:

- 30 γραμμάρια πράσινα φασόλια
- 25 γραμμάρια ζαμπόν σεράνο σε φέτες
- 3 κουταλιές της σούπας ελαιόλαδο
- 2 σκελίδες σκόρδο
- 2 κουταλιές της σούπας μαγιονέζα
- 1 κουταλάκι του γλυκού τριμμένο γλυκό κόκκινο πιπέρι
- 1 καπνιστή πιπεριά τσίλι
- ένα μάτσο σχοινόπρασο, αλάτι
- πιπέρι
- άλας

Για την ομελέτα:

- 4 αυγά
- 2 κουταλιές της σούπας γάλα
- 1 κουταλιά της σούπας προετοιμασία

αλεύρι σίτου:

1. Πλένουμε τα λαχανικά και στραγγίζουμε το νερό. Ψιλοκόβουμε το σχοινόπρασο. Αφαιρούμε τους σπόρους από το καπνιστό πιπέρι και το κόβουμε σε μικρά κομμάτια. Αφαιρούμε τις άκρες από τα φασόλια, τα βάζουμε σε μια κατσαρόλα, ρίχνουμε 1 λίτρο ελαφρώς αλατισμένο νερό, τα βράζουμε μέχρι να μαλακώσουν και τα στραγγίζουμε. Καθαρίζουμε το σκόρδο από τη φλούδα, κόβουμε σε μικρούς κύβους και τηγανίζουμε σε ένα τηγάνι με 2 κουταλιές της σούπας καυτό ελαιόλαδο. Προσθέστε ψιλοκομμένες, ψιλοκαπνιστές πιπεριές τσίλι, φέτες ζαμπόν και προηγουμένως ψημένα πράσινα φασόλια στο γλασαρισμένο σκόρδο. Τηγανίζουμε, σκεπασμένο, για 1,5 λεπτό σε μέτρια φωτιά.
2. Στη συνέχεια ετοιμάζετε την ομελέτα: βάζετε τα αυγά σε μια κατσαρόλα, ρίχνετε μέσα το γάλα, προσθέτετε το αλεύρι, μια πρέζα αλάτι,

πιπέρι και χτυπάτε το όλο καλά με ένα πιρούνι. Ρίχνουμε τα χτυπημένα ΥΛΙΚΑΣτο τηγανητό ΥΛΙΚΑ στο τηγάνι. Τηγανίζουμε τα πάντα μέχρι να κοπούν τα αυγά. Έτοιμο να το αποσύρουμε από τη φωτιά και να το βάζουμε στο πιάτο.

3. Πασπαλίστε τα πάντα με ψιλοκομμένο σχοινόπρασο.

49. ρολό ομελέτα

Συστατικά:

- 6 αυγά
- 5 κουταλιές της σούπας κρέμα γάλακτος 12%
- 2 κουταλιές της σούπας αλεύρι
- 15 γραμμάρια βούτυρο
- τυρί κότατζ με βότανα
- αρακάς
- κονσερβοποιημένο καλαμπόκι
- 20 γραμμάρια τριμμένο τυρί
- πράσινο άνηθο ή μαϊντανό
- άλας
- πιπέρι

παρασκευή:

1. Χτυπάμε τα αυγά με το τριμμένο τυρί, την κρέμα γάλακτος και το αλεύρι. Βάλε αλάτι. Λιώνουμε το βούτυρο σε ένα τηγάνι και ρίχνουμε μέσα την χτυπημένη μάζα. Τηγανίζουμε σε δυνατή φωτιά και από τις δύο πλευρές, πιέζοντας τον πάτο με μια σπάτουλα για να μην καεί. Βάλτε την έτοιμη ομελέτα σε ένα πιάτο, αλείψτε την με τυρί cottage, πασπαλίστε με αρακά, καλαμπόκι, πιπέρι, ψιλοκομμένο άνηθο ή μαϊντανό. Τυλίγουμε σε ρολό και μετά κόβουμε σε χοντρές φέτες. Σερβίρετε ζεστό.

50. Χοιρινή ομελέτα

- ΠΡΟΕΤΟΙΜΑΣΙΑ έως 30 λεπτά
- μερίδες 2

Συστατικά:

- 300 γρ χοιρινό κιμά
- 4 αυγά
- 2 κουταλιές της σούπας λάδι
- 2 κουταλάκια του γλυκού σάλτσα μαύρης σόγιας
- 2 ντομάτες
- 1 κρεμμύδι
- 1 πράσινο αγγούρι

- άλας
- αλεσμένο μαύρο πιπέρι

παρασκευή:

2. Πλένουμε τις ντομάτες και τα αγγούρια και τα στραγγίζουμε από το νερό. Καθαρίζουμε το αγγούρι, το κόβουμε με τη ντομάτα σε λεπτές φέτες και το βάζουμε σε ένα πιάτο. Καθαρίζουμε το κρεμμύδι, το ψιλοκόβουμε και το σοτάρουμε σε καυτό λάδι σε τηγάνι. Αφού γλασάρουμε, προσθέτουμε τον κιμά, περιχύνουμε με τη σάλτσα σόγιας, ανακατεύουμε και τηγανίζουμε μέχρι να γίνει πιο σκούρο το κρέας. Στη συνέχεια, χτυπάμε τα αυγά σε ένα φλιτζάνι, τα χτυπάμε με ένα πιρούνι με μια πρέζα αλάτι και πιπέρι και τα περιχύνουμε με το τηγανητό κρέας με το κρεμμύδι. Τηγανίζουμε τα πάντα μέχρι να ροδίσουν σε μέτρια φωτιά και από τις δύο πλευρές. Αφού τηγανίσουμε, αποσύρουμε από τη φωτιά και βάζουμε σε πιατέλα με ψιλοκομμένα λαχανικά.

51. Ομελέτα με ρύζι και κρέας

- ΠΡΟΕΤΟΙΜΑΣΙΑ έως 30 λεπτά
- μερίδες 2

Συστατικά:

- 350 γρ μοσχαρίσιο και χοιρινό κιμά
- 200 γραμμάρια καστανό ρύζι
- 150 γρ καλαμπόκι σε άλμη
- 4 αυγά
- 3 κουταλιές της σούπας λάδι
- 2 κουταλιές της σούπας πικάντικη κέτσαπ
- 1 κρεμμύδι
- 0,5 φλιτζάνια γάλα 2%

- άλας
- μαύρο πιπέρι (τριμμένο)

παρασκευή:

1. Διαλέξτε το καλαμπόκι από την άλμη. Ξεπλύνετε το ρύζι με τρεχούμενο νερό, ρίξτε το σε μια κατσαρόλα, ρίξτε 4 φλιτζάνια ελαφρώς αλατισμένο νερό και μαγειρέψτε μέχρι να χαλαρώσει.
2. Μετά το μαγείρεμα, εξατμίστε. Καθαρίζουμε το κρεμμύδι, το ψιλοκόβουμε και το σοτάρουμε σε καυτό λάδι σε τηγάνι. Προσθέτουμε τον κιμά στο γλασαρισμένο κρεμμύδι, τον αλατοπιπερώνουμε κατά βούληση, ανακατεύουμε καλά και τσιγαρίζουμε μέχρι να πάρει πιο σκούρο χρώμα. Στη συνέχεια προσθέτουμε το ρύζι που έχουμε ψήσει προηγουμένως και το καλαμπόκι που έχουμε στραγγίσει από την άλμη. Ανακατέψτε τα πάντα καλά και τηγανίστε για άλλα 3 λεπτά σε μέτρια φωτιά, στη συνέχεια αφαιρέστε από τη φωτιά και βάλτε σε ένα πιάτο.

3. Στη συνέχεια, σπάστε τα αυγά σε ένα φλιτζάνι, ρίξτε το γάλα σε αυτά, προσθέστε μια πρέζα αλάτι και χτυπήστε καλά με ένα πιρούνι. Αφού τα χτυπήσουμε, τα αδειάζουμε σε ζεστό τηγάνι χωρίς λιπαρά και τα ψήνουμε μέχρι να σφίξουν. Στη συνέχεια τα βγάζουμε από το τηγάνι και τα προσθέτουμε στο πιάτο. Ρίξτε πικάντικο κέτσαπ πάνω από όλα.

52. Ομελέτα κουνουπιδιού

- ΠΡΟΕΤΟΙΜΑΣΙΑ έως 30 λεπτά
- μερίδες 2

Συστατικά:

- 6 αυγά
- 2 κουταλιές της σούπας τριμμένο τυρί Γκούντα
- 2 κουταλιές της σούπας βούτυρο
- 0,5 φλιτζάνια γάλα 2%
- 1 μεγάλο κουνουπίδι
- άλας

- αλεσμένο μαύρο πιπέρι

παρασκευή:

1. Πλένουμε το κουνουπίδι, το κόβουμε σε μπουκίτσες, τα βάζουμε σε μια κατσαρόλα, προσθέτουμε 1,5 λίτρο ελαφρώς αλατισμένο νερό και μαγειρεύουμε μέχρι να μαλακώσουν.
2. Αφού ψήσετε το κουνουπίδι, το στραγγίζετε και το βάζετε στο καυτό βούτυρο σε ένα τηγάνι. Στη συνέχεια προσθέτουμε τα αυγά σε ένα φλιτζάνι, προσθέτουμε το τριμμένο τυρί Γκούντα, μια πρέζα αλάτι και πιπέρι, ρίχνουμε το γάλα, χτυπάμε καλά τα πιρούνια και μετά ρίχνουμε ολόκληρο το κουνουπίδι στο τηγάνι.
3. Τηγανίζουμε τα πάντα μέχρι να ροδίσουν και σερβίρουμε την τελική ομελέτα ζεστή.

53. ομελέτα με ρικότα και παρμεζάνα

Συστατικά:

- 200 γρ τυρί ρικότα 2 κουταλιές της σούπας βούτυρο
- μια χούφτα φρέσκο βασιλικό
- άλας
- ομελέτα φρεσκοτριμμένη πιπεριά:

- 5 αυγά
- 1 κουταλιά της σούπας αλεύρι σίτου
- 1 κουταλιά της σούπας τριμμένη παρμεζάνα
- 1 κουταλιά της σούπας γάλα

παρασκευή:

1. Πλένουμε τον βασιλικό και στραγγίζουμε το νερό. Λιώνουμε το βούτυρο σε ένα ζεστό τηγάνι. Προσθέστε το τυρί ρικότα στο λιωμένο βούτυρο και τηγανίστε το για 1 λεπτό σε μέτρια φωτιά.

Ετοιμάστε μια ομελέτα:

2. Σπάμε τα αυγά σε ένα φλιτζάνι και προσθέτουμε το αλεύρι, την τριμμένη παρμεζάνα και μια πρέζα αλάτι. Στη συνέχεια, χτυπάμε καλά τα ΥΛΙΚΑ στην κούπα με ένα πιρούνι και τα ρίχνουμε στα τηγανητά ΥΛΙΚΑ στο τηγάνι. Τηγανίζουμε τα πάντα, σκεπασμένα, μέχρι να δέσουν τα αυγά. Στη συνέχεια αποσύρουμε τα πάντα από τη φωτιά, διακοσμούμε με βασιλικό και πασπαλίζουμε με φρεσκοτριμμένο πιπέρι.

54. Ομελέτα πατάτας

- ΠΡΟΕΤΟΙΜΑΣΙΑ30-60 λεπτά
- μερίδες 4 Υλικά:

- 6 αυγά
- 500 γρ πατάτες
- 2 κουταλιές της σούπας βούτυρο
- 2 κουταλιές της σούπας γάλα 2%
- 1 κρεμμύδι
- 0,5 κουταλάκι του γλυκού μπαχαρικά πατάτας
- άλας
- πιπέρι

παρασκευή:

3. Τρίψτε καλά τις πατάτες κάτω από τρεχούμενο νερό, τις βάζετε σε μια κατσαρόλα, ρίχνετε νερό για να μην κολλήσουν και τις ψήνετε με το μπουφάν τους μέχρι να μαλακώσουν. Αφού ψηθεί, το στραγγίζουμε και το κόβουμε σε λεπτές φέτες. Στη συνέχεια, σπάστε τα αυγά σε ένα φλιτζάνι, ρίξτε το γάλα, προσθέστε μια πρέζα αλάτι και πιπέρι και χτυπήστε τα μαζί με ένα πιρούνι. Καθαρίζουμε το κρεμμύδι, το κόβουμε σε μικρούς κύβους και το ροδίζουμε σε καυτό βούτυρο σε ένα τηγάνι. Προσθέστε τις ψιλοκομμένες πατάτες στο ροδισμένο κρεμμύδι, τις πασπαλίζετε με μια πρέζα αλάτι, πιπέρι, καρυκεύματα πατάτας και τηγανίζετε για 40 δευτερόλεπτα σε μέτρια φωτιά. Ρίχνουμε τα αυγά που έχουν χτυπήσει προηγουμένως στα τηγανητά υλικά, ανακατεύουμε και τηγανίζουμε μέχρι να δέσει. Στη συνέχεια κατεβάστε τα πάντα από τη φωτιά.

55. ομελέτα με τυρί και σάλτσα σόγιας

Συστατικά:

- 15 γρ τριμμένη παρμεζάνα
- 4 αυγά
- 2 κουταλιές της σούπας γάλα
- 2 κουταλιές της σούπας αλεύρι σίτου
- 2 κουταλιές της σούπας σάλτσα μαύρης σόγιας
- 0,5 κουταλάκι του γλυκού αλάτι
- 0,5 κουταλάκι του γλυκού αλεσμένο μαύρο πιπέρι
- πράσινος μαϊντανός

παρασκευή:

1. Πλένουμε τον πράσινο μαϊντανό, στραγγίζουμε το νερό και τον ψιλοκόβουμε. Τρυπήστε τα αυγά σε μια κατσαρόλα, προσθέστε αλεύρι, αλάτι και πιπέρι σε αυτά, ρίξτε το γάλα και ανακατέψτε τα πάντα με ένα μίξερ μέχρι να γίνει πηχτή κρέμα. Ρίχνουμε τα ανακατεμένα ΥΛΙΚΑ με ένα κουτάλι σε ένα ζεστό τηγάνι χωρίς λιπαρά και τηγανίζουμε και από τις δύο πλευρές σε μέτρια φωτιά μέχρι να ροδίσουν ελαφρά.
2. Κατόπιν το κατεβάζετε από τη φωτιά, το πασπαλίζετε με τριμμένη παρμεζάνα, το τυλίγετε και το ξαναβάζετε σε μέτρια φωτιά. Τηγανίζουμε, σκεπασμένο, μέχρι να λιώσει το τυρί. Στη συνέχεια αποσύρουμε από τη φωτιά, χωρίζουμε σε μερίδες και βάζουμε σε ένα πιάτο. Στη συνέχεια πασπαλίζουμε τα πάντα με σάλτσα σόγιας και πασπαλίζουμε με ψιλοκομμένο πράσινο μαϊντανό.

56. Ρολά γαλοπούλας, ομελέτα και σπανάκι

παρασκευή:

Συστατικά:

- 4 στήθη γαλοπούλας
- 250 γρ κατεψυγμένο σπανάκι
- 4 κουταλιές της σούπας λάδι
- 2 κουταλιές της σούπας πικάντικη κέτσαπ
- 1 κρεμμύδι
- 0,5 κουταλάκι του γλυκού τριμμένο μοσχοκάρυδο
- άλας
- πιπέρι

Για την ομελέτα:

- 4 αυγά

- 2 κουταλιές της σούπας γάλα
- 1 κουταλιά της σούπας προετοιμασία

αλεύρι σίτου:

1. Πλένουμε τα στήθη της γαλοπούλας, στραγγίζουμε το νερό, τα τρίβουμε με ένα γουδοχέρι, τα βάζουμε στη ζαχαροπλαστική, τα αλείφουμε με πικάντικη κέτσαπ από τη μία πλευρά και τα πασπαλίζουμε με αλάτι και πιπέρι.

Ετοιμάστε μια ομελέτα.

2. Χτυπάμε τα αυγά σε ένα μπολ και χτυπάμε με το αλεύρι και το γάλα. Βάζουμε τα χτυπημένα ΥΛΙΚΑ σε ένα ζεστό τηγάνι χωρίς λιπαρά και τηγανίζουμε και από τις δύο πλευρές σε μέτρια φωτιά μέχρι να σφίξουν τα αυγά.
3. Κατόπιν αποσύρουμε από τη φωτιά και τοποθετούμε πάνω στο στήθος γαλοπούλας που έχουμε στρώσει με κέτσαπ. Καθαρίζουμε το κρεμμύδι, το κόβουμε σε μικρούς κύβους και το τσιγαρίζουμε με 2 κουταλιές της σούπας καυτό λάδι σε ένα τηγάνι.
4. Ξεπαγώστε το σπανάκι και προσθέστε το στο γλασαρισμένο κρεμμύδι. Αλατοπιπερώνουμε τα ΥΛΙΚΑ κατά προτίμηση, προσθέτουμε το

τριμμένο μοσχοκάρυδο, ανακατεύουμε και σιγοβράζουμε σκεπασμένο για 2 λεπτά σε μέτρια φωτιά. Μετά από αυτό το διάστημα, αποσύρουμε από τη φωτιά και προσθέτουμε στα ΥΛΙΚΑ με το κρέας.

5. Στη συνέχεια τυλίξτε τα όλα, δέστε με σπάγκο, βάλτε τα σε ένα ταψί και περιχύστε με 2 κουταλιές της σούπας από το υπόλοιπο ελαιόλαδο. Βάλτε τα όλα σε προθερμασμένο φούρνο στους 175 ° C και ψήστε μέχρι να μαλακώσει το κρέας.

57. Ομελέτα με μπέικον, πατάτες και σπαράγγια

- ΠΡΟΕΤΟΙΜΑΣΙΑ έως 30 λεπτά
- μερίδες 2

Συστατικά:

- 30 γραμμάρια πράσινα σπαράγγια
- 20 β καπνιστό μπέικον
- 4 κουταλιές της σούπας λάδι
- 4 πατάτες
- 4 αυγά
- 2 κουταλιές της σούπας γάλα
- 2 κουταλιές της σούπας παχύρρευστη κρέμα
- 0,5 κουταλάκι του γλυκού τριμμένο κόκκινο πιπέρι

- άλας
- πιπέρι

παρασκευή:

1. Πλένουμε τα σπαράγγια και τα στραγγίζουμε από το νερό. Βάζετε τα σπαράγγια σε μια κατσαρόλα, προσθέτετε 3 φλιτζάνια ελαφρώς αλατισμένο νερό, μαγειρεύετε μέχρι να μαλακώσουν και τα στραγγίζετε.
2. Τρίβουμε καλά τις πατάτες κάτω από τρεχούμενο νερό, τις περιχύνουμε με 1 λίτρο νερό, τις βράζουμε στο μπουφάν τους μέχρι να μαλακώσουν, τις στραγγίζουμε και τις κόβουμε σε λεπτές φέτες. Σπάμε τα αυγά σε μια κατσαρόλα και τα χτυπάμε με ένα σύρμα με γάλα, λίγο αλάτι και πιπέρι.
3. Το αδειάζουμε σε ένα ζεστό τηγάνι χωρίς λιπαρά και τηγανίζουμε σε μέτρια φωτιά μέχρι να σφίξει. Στη συνέχεια αποσύρουμε από τη φωτιά και βάζουμε σε ένα πιάτο. Ζεσταίνουμε το λάδι σε ένα τηγάνι και προσθέτουμε τις πατάτες που έχουν ψηθεί προηγουμένως.
4. Τις τηγανίζουμε μέχρι να ροδίσουν και μετά τις κατεβάζουμε από τη φωτιά και τις βάζουμε πάνω στη τηγανισμένη ομελέτα. Κόβουμε το μπέικον σε κύβους και το ροδίζουμε σε ζεστό τηγάνι χωρίς λιπαρά. Προσθέστε τα βρασμένα

σπαράγγια στο ροδισμένο μπέικον και μαγειρέψτε για 1, 5 λεπτά σε μέτρια φωτιά. Αποσύρουμε τα τηγανισμένα ΥΛΙΚΑ από τη φωτιά και τα προσθέτουμε στο σύνολο με την παχύρρευστη κρέμα. Πασπαλίστε τα πάντα με τριμμένο κόκκινο πιπέρι.

58. Ομελέτα με κρουτόν και φύτρα φασολιών

Συστατικά:

- 5 g φύτρα mung
- 4 αυγά
- 4 φέτες φρυγανισμένο ψωμί
- 3 κουταλιές της σούπας λάδι
- 2 σκελίδες σκόρδο
- 2 κουταλιές της σούπας νερό
- ένα μάτσο σχοινόπρασο
- άλας
- πιπέρι

παρασκευή:

1. Τα φύτρα φασολιών ζεματίζετε 1 φλιτζάνι βραστό νερό και στραγγίζετε το περιττό νερό. Πλένουμε το σχοινόπρασο, στραγγίζουμε το νερό και το κόβουμε σε κομμάτια. Κόβουμε το φρυγανισμένο ψωμί σε μεγάλους κύβους.
2. Καθαρίζουμε το σκόρδο από τη φλούδα, το ψιλοκόβουμε και το σοτάρουμε σε καυτό λάδι σε ένα τηγάνι. Προσθέστε το φρυγανισμένο ψωμί και το σχοινόπρασο στο γλασαρισμένο σκόρδο και τσιγαρίστε μέχρι τα ΥΛΙΚΑ να ροδίσουν.
3. Στη συνέχεια, βάζετε τα αυγά σε μια κατσαρόλα, τα ρίχνετε νερό, προσθέτετε μια πρέζα αλάτι και πιπέρι και τα ρίχνετε ολόκληρα.
4. Τηγανίζουμε τα πάντα μέχρι να κοπούν τα αυγά. Στη συνέχεια προσθέτουμε τα φύτρα φασολιών που έχουν ζεματιστεί προηγουμένως και τηγανίζουμε σκεπασμένα για 40 δευτερόλεπτα. Αφαιρέστε το έτοιμο πιάτο από τη φωτιά και βάλτε το σε ένα πιάτο.

59. Ομελέτα με μπρόκολο, ζαμπόν και κρουτόν

- ΠΡΟΕΤΟΙΜΑΣΙΑ έως 30 λεπτά
- μερίδες 4

Συστατικά:

- 15 γραμμάρια καπνιστό ζαμπόν
- 4 αυγά
- 2 κουταλιές της σούπας λάδι
- 2 κουταλιές της σούπας γάλα
- 1 μπρόκολο
- 1 κρεμμύδι
- 1 μικρή μπαγκέτα
- πιπέρι
- άλας

παρασκευή:

1. Πλένουμε το μπρόκολο, το χωρίζουμε σε μπουκίτσες, προσθέτουμε 1 λίτρο ελαφρώς αλατισμένο νερό, βράζουμε μέχρι να μαλακώσουν και στραγγίζουμε.
2. Καθαρίζουμε το κρεμμύδι από τη φλούδα, το ψιλοκόβουμε και το τσιγαρίζουμε με 1 κουταλιά της σούπας καυτό λάδι σε ένα τηγάνι.
3. Κόβουμε το ζαμπόν, προσθέτουμε στο γλασαρισμένο κρεμμύδι και ροδίζουμε. Στη συνέχεια χτυπάμε σε μια κατσαρόλα τα αυγά με το γάλα και περιχύνουμε τα τηγανητά υλικά. Προσθέτουμε το μπρόκολο που έχουμε ψήσει προηγουμένως, πασπαλίζουμε με μια πρέζα αλάτι και πιπέρι και τηγανίζουμε μέχρι να μαλακώσουν τα αυγά.
4. Έτοιμο να το αποσύρουμε από τη φωτιά και να το βάζουμε σε πιατέλα. Κόβουμε τη μπαγκέτα σε λεπτές φέτες, ροδίζουμε με το υπόλοιπο λάδι και από τις δύο πλευρές και την προσθέτουμε στο πιάτο.

60. Χοιρινή μπριζόλα με ομελέτα, ρύζι και καλαμπόκι

- ΠΡΟΕΤΟΙΜΑΣΙΑ έως 30 λεπτά
- μερίδες 2

Συστατικά:

- 200 γρ καλαμπόκι σε άλμη
- 6 κουταλιές της σούπας λάδι
- 4 αυγά
- 4 χοιρινές μπριζόλες με κόκαλα
- 2 κουταλιές της σούπας πικάντικη κέτσαπ
- 2 σκελίδες σκόρδο
- 1 κουταλιά της σούπας αλεύρι
- 1 κουταλιά της σούπας γάλα

- 1 φλιτζάνι καστανό ρύζι
- άλας
- πιπέρι

παρασκευή:

1. Πλένουμε το κρέας, στραγγίζουμε το νερό και το χωρίζουμε σε μερίδες. Ξεπλύνετε το καστανό ρύζι με τρεχούμενο νερό, ρίξτε 2 ποτήρια ελαφρώς αλατισμένο νερό και μαγειρέψτε μέχρι να εξατμιστεί τελείως το νερό.
2. Στη συνέχεια, ξεφλουδίζουμε το σκόρδο από τη φλούδα, το ψιλοκόβουμε και σοτάρουμε σε ένα τηγάνι σε 2 κουταλιές της σούπας καυτό λάδι. Προσθέστε το καλαμπόκι που στραγγίσατε από το τουρσί και το ρύζι που έχετε ψήσει προηγουμένως στο γλασαρισμένο σκόρδο.
3. Αλατοπιπερώνουμε τα ΥΛΙΚΑ κατά προτίμηση με μια πρέζα και τηγανίζουμε για 1,5 λεπτό σε μέτρια φωτιά. Αποσύρουμε τα τηγανητά από τη φωτιά και τα βάζουμε σε ένα πιάτο.
4. Σπάστε τα αυγά σε μια κατσαρόλα, προσθέστε το αλεύρι, ρίξτε το γάλα, πασπαλίστε με μια πρέζα αλάτι και ανακινήστε το όλο καλά με ένα σύρμα.

5. Ρίχνουμε τα χτυπημένα αυγά σε ένα ζεστό τηγάνι χωρίς λιπαρά και τηγανίζουμε μέχρι να δέσει. Κατόπιν αποσύρουμε από τη φωτιά και προσθέτουμε στα ΥΛΙΚΑ στο πιάτο. Πασπαλίζουμε τις χοιρινές μπριζόλες με πιπέρι και αλάτι και τηγανίζουμε και από τις δύο πλευρές στο υπόλοιπο καυτό λάδι στο τηγάνι.
6. Στραγγίζουμε τα τηγανητά από το λίπος και τα προσθέτουμε στο πιάτο. Ρίξτε πικάντικο κέτσαπ πάνω από όλα.

61. Γαλλική ομελέτα

Συστατικά:

- 15 g tartare sera Gruyere
- 2 κουταλιές της σούπας βούτυρο
- ένα μάτσο σχοινόπρασο
- πιπέρι
- άλας

παρασκευή:

1. Πλένουμε το σχοινόπρασο και το στραγγίζουμε από το νερό. Βάζετε τα αυγά σε μια κατσαρόλα, πασπαλίζετε με μια πρέζα αλάτι και πιπέρι και χτυπάτε καλά με ένα σύρμα. Ζεσταίνουμε το βούτυρο σε ένα τηγάνι, προσθέτουμε τα

χτυπημένα αυγά και τηγανίζουμε μέχρι να δέσει. Στη συνέχεια πασπαλίζουμε το σύνολο με τριμμένο τυρί γραβιέρα και ψιλοκομμένο σχοινόπρασο. Τυλίγουμε τα πάντα με μια σπάτουλα και τηγανίζουμε σκεπασμένο μέχρι να λιώσει το τυρί.

62. Ομελέτα με πατάτες, σπαράγγια, και

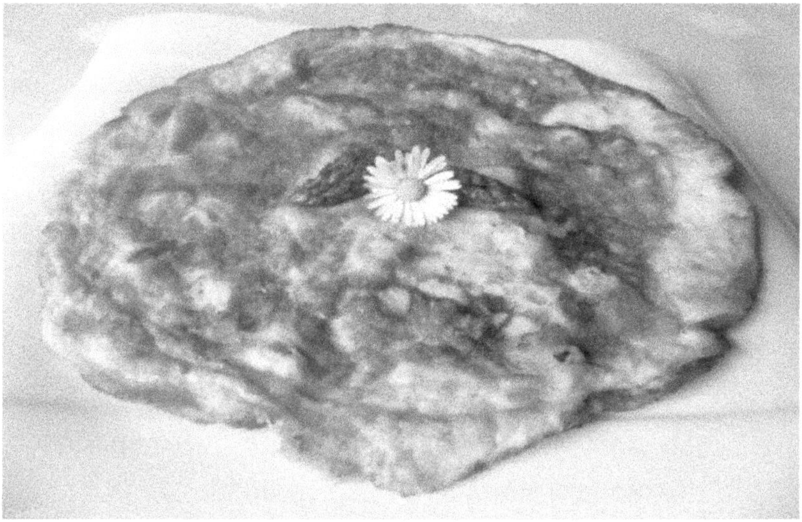

τυρί

- ΠΡΟΕΤΟΙΜΑΣΙΑ έως 30 λεπτά
- μερίδες 2

Συστατικά:

- 20 γραμμάρια πράσινα σπαράγγια
- 20 γρ φέτες καπνιστού μπέικον
- 20 γρ κατσικίσιο τυρί κότατζ
- 4 αυγά
- 4 πατάτες
- 2 κουταλιές της σούπας γάλα
- 2 σκελίδες σκόρδο
- 2 κουταλιές της σούπας λάδι
- 1 κουταλιά της σούπας αλεύρι σίτου

- 0,5 κουταλάκι του γλυκού τριμμένο κόκκινο πιπέρι
- άλας
- πιπέρι

παρασκευή:

1. Πλένουμε τα λαχανικά και στραγγίζουμε το νερό. Σπάμε τα αυγά σε μια κατσαρόλα, ρίχνουμε μέσα το γάλα, προσθέτουμε το αλεύρι, αλατοπιπερώνουμε κατά βούληση και χτυπάμε καλά με ένα σύρμα.
2. Ρίχνουμε τα χτυπημένα ΥΛΙΚΑ σε ένα ζεστό τηγάνι χωρίς λιπαρά και τηγανίζουμε μέχρι να στερεοποιηθούν όλα. Στη συνέχεια το αποσύρουμε από τη φωτιά και το βάζουμε σε ένα πιάτο. Ψιλοκόβουμε το μπέικον.
3. Καθαρίζουμε τις πατάτες και τις κόβουμε σε λεπτές φέτες. Καθαρίζουμε το σκόρδο από τη φλούδα, κόβουμε σε κομμάτια και τηγανίζουμε σε καυτό λάδι σε τηγάνι. Προσθέστε ψιλοκομμένες πατάτες και σπαράγγια στο γλασαρισμένο σκόρδο.
4. Πασπαλίζουμε τα ΥΛΙΚΑ με μια πρέζα αλάτι και αλεσμένη πάπρικα και τηγανίζουμε μέχρι να ροδίσουν. Στη

συνέχεια προσθέτουμε το ψιλοκομμένο μπέικον και τηγανίζουμε μέχρι να ροδίσει το κρέας. Αποσύρουμε τα τηγανητά από τη φωτιά και τα βάζουμε σε μια ομελέτα σε ένα πιάτο.

63. Ομελέτα με πατάτες, σπαράγγια, και

τυρί

- ΠΡΟΕΤΟΙΜΑΣΙΑ έως 30 λεπτά
- μερίδες 4

Συστατικά:

- 20 γραμμάρια πράσινα σπαράγγια
- 20 γρ φέτες καπνιστού μπέικον
- 20 γρ κατσικίσιο τυρί κότατζ
- 4 αυγά
- 4 πατάτες
- 2 κουταλιές της σούπας γάλα
- 2 σκελίδες σκόρδο

- 2 κουταλιές της σούπας λάδι
- 1 κουταλιά της σούπας αλεύρι σίτου
- 0,5 κουταλάκι του γλυκού τριμμένο κόκκινο πιπέρι
- άλας
- πιπέρι

παρασκευή:

1. Πλένουμε τα λαχανικά και στραγγίζουμε το νερό. Σπάμε τα αυγά σε μια κατσαρόλα, ρίχνουμε μέσα το γάλα, προσθέτουμε το αλεύρι, αλατοπιπερώνουμε κατά βούληση και χτυπάμε καλά με ένα σύρμα.
2. Ρίχνουμε τα χτυπημένα ΥΛΙΚΑ σε ένα ζεστό τηγάνι χωρίς λιπαρά και τηγανίζουμε μέχρι να στερεοποιηθούν όλα. Στη συνέχεια το αποσύρουμε από τη φωτιά και το βάζουμε σε ένα πιάτο. Ψιλοκόβουμε το μπέικον. Καθαρίζουμε τις πατάτες και τις κόβουμε σε λεπτές φέτες. Καθαρίζουμε το σκόρδο από τη φλούδα, κόβουμε σε κομμάτια και τηγανίζουμε σε καυτό λάδι σε τηγάνι.
3. Προσθέστε ψιλοκομμένες πατάτες και σπαράγγια στο γλασαρισμένο σκόρδο. Πασπαλίζουμε τα ΥΛΙΚΑ με μια πρέζα αλάτι και αλεσμένη πάπρικα και τηγανίζουμε μέχρι να

ροδίσουν. Στη συνέχεια προσθέτουμε το ψιλοκομμένο μπέικον και τηγανίζουμε μέχρι να ροδίσει το κρέας.

4. Αποσύρουμε τα τηγανητά από τη φωτιά και τα βάζουμε σε μια ομελέτα σε ένα πιάτο.

64. Τοφου ομελέτα

Συστατικά:

- 40 γραμμάρια μεταξένιο τόφου
- 40 γρ καλαμπόκι σε άλμη
- 2 αυγα
- 2 φύλλα κόκκινο μαρούλι
- 2 ντοματίνια
- 2 κουταλιές της σούπας γάλα
- 2 κουταλιές της σούπας λάδι
- 1 κουταλιά της σούπας άμυλο καλαμποκιού
- ένα μάτσο μικρά σχοινόπρασο
- σολ
- πιπέρι

παρασκευή:

1. Πλένουμε τα λαχανικά και στραγγίζουμε το νερό. Σε ένα πιάτο βάζουμε το μαρούλι και τις ντομάτες.
2. Βγάζουμε το καλαμπόκι από την άλμη και το ρίχνουμε σε ένα μπολ. Προσθέστε τόφου και σχοινόπρασο θρυμματισμένο σε μικρά κομμάτια.
3. Στη συνέχεια ρίχνουμε το γάλα σε αυτό, προσθέτουμε το καλαμποκάλευρο και προσθέτουμε τα αυγά. Αλατοπιπερώνουμε κατά βούληση και ανακατεύουμε καλά. Στη συνέχεια ζεσταίνουμε το λάδι σε ένα τηγάνι και βάζουμε τα ανακατεμένα ΥΛΙΚΑ.
4. Τηγανίζουμε τα πάντα μέχρι να ροδίσουν και από τις δύο πλευρές σε μέτρια φωτιά, στη συνέχεια κατεβάζουμε από τη φωτιά και προσθέτουμε στα ΥΛΙΚΑ στο πιάτο.

65. Μοσχαρίσια ομελέτα

Συστατικά:

- 200 γρ μοσχαρίσιο κιμά
- 3 κουταλιές της σούπας λάδι
- 2 αυγα
- 2 κουταλιές της σούπας σάλτσα μαύρης σόγιας
- 1 κόκκινη πιπεριά
- 1 ντομάτα
- 1 πράσινο αγγούρι
- 1 φρέσκο κρεμμυδάκι
- 1/2 κουταλάκι του γλυκού μάγοι
- άλας
- πιπέρι

παρασκευή:

1. Πλένουμε τα λαχανικά και στραγγίζουμε το νερό. Κόβουμε τη ντομάτα σε φέτες. Καθαρίζουμε το αγγούρι και το κόβουμε και αυτό σε φέτες.
2. Αφαιρούμε τους σπόρους από την πιπεριά και την κόβουμε σε μικρούς κύβους. Καθαρίζουμε τα φρέσκα κρεμμυδάκια και τα ψιλοκόβουμε επίσης.
3. Ζεσταίνουμε το λάδι σε ένα τηγάνι, προσθέτουμε κιμά, προσθέτουμε σάλτσα σόγιας, αλατοπιπερώνουμε, ανακατεύουμε και τσιγαρίζουμε μέχρι να αλλάξει χρώμα το κρέας.
4. Στη συνέχεια προσθέτουμε ψιλοκομμένη πιπεριά και φρέσκα κρεμμυδάκια και τσιγαρίζουμε για 2,5 λεπτά. Σπάμε τα αυγά σε μια κατσαρόλα, τα χτυπάμε με ένα πιρούνι και μετά τα ρίχνουμε στα τηγανητά υλικά.
5. Αλατοπιπερώνουμε με μπαχαρικά κατά βούληση, ανακατεύουμε και τηγανίζουμε μέχρι τα αυγά να γίνουν εντελώς στερεά. Αφαιρέστε το έτοιμο φαγητό από τη φωτιά και βάλτε το σε ένα πιάτο. Στη συνέχεια, προσθέστε το αγγούρι και την ντομάτα σε φέτες.

66. Ομελέτα με συκωτάκια κοτόπουλου

- Προετοιμασίες 15 λεπτά
- Χρόνος μαγειρέματος 30 λεπτά

ΣΥΣΤΑΤΙΚΑ

- 6 αυγά
- 150 γραμμάρια συκωτάκια κοτόπουλου
- 2 ασκαλώνια
- 3 κουταλιές της σούπας ελαιόλαδο
- 1 κουταλάκι μαϊντανό ψιλοκομμένο, 1 κουταλάκι σχοινόπρασο ψιλοκομμένο, 1 κουταλάκι του γλυκού εστραγκόν ψιλοκομμένο
- Αλάτι πιπέρι

ΠΑΡΑΣΚΕΥΗ

1. Καθαρίζουμε και κόβουμε στα 4 τα συκωτάκια του κοτόπουλου. Καθαρίζουμε και ψιλοκόβουμε τα ασκαλώνια.
2. Τηγανίζουμε τα συκωτάκια κοτόπουλου στο ελαιόλαδο και τα ψήνουμε για 3 με 4 λεπτά. Στη συνέχεια, κρατήστε τα και ιδρώστε τα ασκαλώνια σε μια αρκετά απαλή φωτιά. Τα ανακατεύουμε με τα συκωτάκια και κρατάμε.
3. Χτυπάμε τα αυγά, τα αλατοπιπερώνουμε. Μαγειρέψτε τα σε μια ατημέλητη ομελέτα. Απλώστε πάνω από τα συκωτάκια κοτόπουλου και τα μυρωδικά.
4. Διπλώνουμε την ομελέτα και τη σύρουμε σε ένα πιάτο σερβιρίσματος.

67. Ομελέτα με γαρίδες και μανιτάρια

- ΠΡΟΕΤΟΙΜΑΣΙΑ έως 30 λεπτά
- μερίδες 2

□

□

Συστατικά:

- 5 γαρίδες τίγρης
- 6 μανιτάρια
- 4 αυγά
- 3 κουταλιές της σούπας λάδι
- 2 σκελίδες σκόρδο
- 1 κόκκινη πιπεριά
- 1 κουταλιά της σούπας αλεύρι
- 1 κουταλιά της σούπας λάχανο γάλακτος για διακόσμηση αλάτι
- πιπέρι

παρασκευή:

1. Πλένουμε τα λαχανικά και τα μανιτάρια και τα στραγγίζουμε από το νερό. Αφαιρούμε τις μεμβράνες από τα μανιτάρια και τα κόβουμε σε λεπτές φέτες. Αφαιρούμε τους σπόρους από την πιπεριά και κόβουμε σε κομμάτια. Καθαρίστε τις γαρίδες από μη βρώσιμα μέρη.
2. Σπάμε τα αυγά σε μια κατσαρόλα, ρίχνουμε μέσα το αλεύρι, ρίχνουμε το γάλα και τα χτυπάμε όλα με ένα σύρμα. Καθαρίζουμε το σκόρδο από τη φλούδα, το ψιλοκόβουμε και τηγανίζουμε σε καυτό λάδι σε ένα τηγάνι. Προσθέστε τις καθαρισμένες γαρίδες και τα

ψιλοκομμένα μανιτάρια στο γλασαρισμένο σκόρδο, πασπαλίστε με μια πρέζα αλάτι και τηγανίστε για 2,5 λεπτά, σκεπασμένα, σε μέτρια φωτιά.

3. Στη συνέχεια ρίχνουμε τα χτυπημένα αυγά στα τηγανητά υλικά, αλατοπιπερώνουμε κατά βούληση, ανακατεύουμε καλά και τηγανίζουμε μέχρι να δέσει τα αυγά. Κατόπιν κατεβάζουμε τα πάντα από τη φωτιά και τα βάζουμε σε ένα πιάτο. Πασπαλίζουμε το έτοιμο πιάτο με φρεσκοτριμμένο πιπέρι και γαρνίρουμε με λάχανο και ψιλοκομμένη πάπρικα.

□

□

68. Τορτίγια με ομελέτα

Συστατικά:

- 15 γραμμάρια καπνιστού ζαμπόν σε φέτες
- 4 αυγά
- 2 τορτίγιες
- 2 κουταλιές της σούπας αλεύρι σίτου
- 2 κουταλιές της σούπας γάλα
- 2 κουταλιές της σούπας πικάντικη κέτσαπ
- 1 κρεμμύδι
- 1 κουταλιά της σούπας λάδι

  1 ματσάκι σχοινόπρασο

  0,5 φλιτζάνια χλιαρό νερό
- άλας

- πιπέρι

παρασκευή:

1. Μουσκεύετε τις τηγανίτες τορτίγιας με χλιαρό νερό, τις βάζετε σε ένα ζεστό τηγάνι χωρίς λιπαρά και τις τηγανίζετε για 40 δευτερόλεπτα από τη μία πλευρά. Αποσύρουμε τα τηγανητά από τη φωτιά και τα βάζουμε σε ένα πιάτο. Πλένουμε το σχοινόπρασο, στραγγίζουμε το νερό και το κόβουμε σε κομμάτια. Σπάστε τα αυγά σε ένα μπολ, προσθέστε το ψιλοκομμένο ζαμπόν σε μικρά κομμάτια. Ρίχνουμε το αλεύρι, ρίχνουμε το γάλα, μετά αλατοπιπερώνουμε τα πάντα κατά βούληση και ανακατεύουμε καλά με ένα σύρμα. Καθαρίζουμε το κρεμμύδι, το κόβουμε σε μικρούς κύβους και το τσιγαρίζουμε σε καυτό λάδι σε τηγάνι. Ρίχνουμε τα χτυπημένα ΥΛΙΚΑ στο γλασαρισμένο κρεμμύδι και τσιγαρίζουμε μέχρι να δέσει (μόνο από τη μία πλευρά). Στη συνέχεια, βάλτε το όλο σε τορτίγιες, περιχύστε με κέτσαπ και πασπαλίστε με ψιλοκομμένο σχοινόπρασο.

□

□

70. Ομελέτα με σαλάμι και κρεμμύδι

- προετοιμασία: έως 30 λεπτά
- μερίδες 2

Συστατικά:

- 15 γρ σαλάμι
- 4 αυγά
- 2 κουταλιές της σούπας μαύρες ελιές σε άλμη
- 2 κουταλιές της σούπας αλεύρι σίτου
- 2 κουταλιές της σούπας γάλα
- 2 κουταλιές της σούπας λάδι
- 1 κρεμμύδι
- 1 πράσινο αγγούρι θερμοκηπίου αλάτι πιπέρι

παρασκευή:

2. Πλένουμε το αγγούρι, στραγγίζουμε το νερό, το κόβουμε σε λεπτές φέτες, το πασπαλίζουμε με μια πρέζα αλάτι και το βάζουμε σε πιατέλα. Προσθέστε το λευκό τυρόπηγμα σε λεπτές φέτες. Σπάμε τα αυγά σε ένα μπολ, προσθέτουμε το αλεύρι, το γάλα και χτυπάμε καλά με ένα πιρούνι. Ξεφλουδίστε το κρεμμύδι από τη φλούδα, κόψτε σε λεπτές φέτες, προσθέστε τα χτυπημένα αυγά με σαλάμι σε κύβους και στη συνέχεια ανακατέψτε τα πάντα. Ζεσταίνουμε το λάδι σε ένα τηγάνι και ρίχνουμε τα ανακατεμένα ΥΛΙΚΑ σε ένα κουτάλι. Αλατοπιπερώνουμε κατά βούληση και τηγανίζουμε πρώτα από τη μία πλευρά και όταν δέσουν τα αυγά, αναποδογυρίζουμε και τηγανίζουμε από την άλλη πλευρά μέχρι να ροδίσουν. Αποσύρουμε τη τηγανισμένη ομελέτα από τη φωτιά, την τυλίγουμε και την προσθέτουμε στα αγγούρια. Προσθέτουμε τις ελιές που έχουμε στραγγίσει από το τουρσί.

□

□

71. Μοσχαρίσια ομελέτα

- ΠΡΟΕΤΟΙΜΑΣΙΑ έως 30 λεπτά
- μερίδες 2

Συστατικά:

- 200 γρ μοσχαρίσιο κιμά
- 3 κουταλιές της σούπας λάδι
- 2 αυγα
- 2 κουταλιές της σούπας σάλτσα μαύρης σόγιας

  1 κόκκινη πιπεριά

  1 ντομάτα
- 1 πράσινο αγγούρι
- 1/2 κουταλάκι του γλυκού Maggi
- άλας
- πιπέρι

παρασκευή:

1. Πλένουμε τα λαχανικά και στραγγίζουμε το νερό. Κόβουμε τη ντομάτα σε φέτες. Καθαρίζουμε το αγγούρι και το κόβουμε και αυτό σε φέτες.
2. Αφαιρούμε τους σπόρους από την πιπεριά και την κόβουμε σε μικρούς κύβους. Καθαρίζουμε τα φρέσκα κρεμμυδάκια και τα ψιλοκόβουμε επίσης. Ζεσταίνουμε το λάδι σε ένα τηγάνι, προσθέτουμε κιμά, προσθέτουμε σάλτσα σόγιας,

□

□

αλατοπιπερώνουμε, ανακατεύουμε και τσιγαρίζουμε μέχρι να αλλάξει χρώμα το κρέας.

3. Στη συνέχεια προσθέτουμε ψιλοκομμένη πιπεριά και φρέσκα κρεμμυδάκια και τσιγαρίζουμε για 2,5 λεπτά. Σπάμε τα αυγά σε μια κατσαρόλα, τα χτυπάμε με ένα πιρούνι και μετά τα ρίχνουμε στα τηγανητά υλικά.
4. Αλατοπιπερώνουμε με μπαχαρικά κατά βούληση, ανακατεύουμε και τηγανίζουμε μέχρι τα αυγά να γίνουν εντελώς στερεά. Αφαιρέστε το έτοιμο φαγητό από τη φωτιά και βάλτε το σε ένα πιάτο. Στη συνέχεια, προσθέστε το αγγούρι και την ντομάτα σε φέτες.

72. Ομελέτα με τυρί και μπρόκολο

- ΠΡΟΕΤΟΙΜΑΣΙΑ έως 30 λεπτά
- μερίδες 2

Συστατικά:

- 6 ντοματίνια
- 5 γρ τριμμένο τυρί Γκούντα
- 4 αυγά
- 2 κουταλιές της σούπας αλεύρι σίτου
- 2 κουταλιές της σούπας γάλα
- 2 κουταλιές της σούπας λάδι
- 1 μπρόκολο
- 1 κόκκινο κρεμμύδι

- λάχανο για διακόσμηση
- άλας
- πιπέρι

παρασκευή:

1. Πλένουμε τα λαχανικά και στραγγίζουμε το νερό. Μοιράζουμε το μπρόκολο σε μπουκίτσες, ρίχνουμε 1 λίτρο ελαφρώς αλατισμένο νερό, μαγειρεύουμε μέχρι να μαλακώσουν και στραγγίζουμε.
2. Σπάστε τα αυγά σε ένα μπολ. Στη συνέχεια, ρίξτε το αλεύρι σε αυτά, προσθέστε το τριμμένο τυρί, ρίξτε το γάλα και ανακατέψτε τα πάντα καλά με ένα σύρμα.
3. Καθαρίζουμε το κρεμμύδι από τη φλούδα, το σοτάρουμε σε καυτό λάδι σε ένα τηγάνι. Ρίχνουμε τα ανακατεμένα ΥΛΙΚΑ στο γλασαρισμένο κρεμμύδι, αλατοπιπερώνουμε κατά βούληση και μετά προσθέτουμε το μπρόκολο που έχει ψηθεί προηγουμένως.
4. Τηγανίζουμε το όλο σε μέτρια φωτιά μέχρι να στεγνώσουν τελείως τα ΥΛΙΚΑ. Έτοιμο να το αποσύρουμε από τη φωτιά και να το βάζουμε σε πιατέλα. Διακοσμήστε τα πάντα με ντοματίνια και λάχανο.

73. Ομελέτα σε ψωμί με μπέικον και μυρωδικά

Συστατικά:

- 20 γρ καπνιστό μπέικον
- 6 φέτες μπαγιάτικο ψωμί
- 4 αυγά
- 1 κουταλιά της σούπας αλεύρι σίτου
- 1 κουταλάκι του γλυκού αποξηραμένο θυμάρι
- 1 κουταλάκι του γλυκού μαντζουράνα
- 0,5 ζεστό νερό
- άλας
- πιπέρι

παρασκευή:

1. Αφαιρέστε τις κρούστες από το μπαγιάτικο ψωμί και βρέξτε το με ζεστό νερό σε ένα μπολ. Βάλτε το μουλιασμένο ψωμί σε μια φόρμα για κέικ με ελατήριο διαμέτρου 30 εκ.
2. Κόβουμε το μπέικον σε μικρούς κύβους και το βάζουμε σε ένα μπολ. Ρίχνουμε τα αβγά στο ψιλοκομμένο μπέικον, προσθέτουμε το αλεύρι, τη μαντζουράνα, το θυμάρι, αλατοπιπερώνουμε κατά βούληση και ανακατεύουμε καλά.
3. Τα ανακατεμένα ΥΛΙΚΑ Ρίχνουμε τη φόρμα του κέικ με το ψωμί και βάζουμε σε προθερμασμένο φούρνο στους 170 βαθμούς. Ψήνουμε μέχρι να πήξουν τελείως τα αυγά, στη συνέχεια αφαιρούμε τις φόρμες από το φούρνο και κρυώνουμε ελαφρώς.

74. ομελέτα με μορέλες και σπανάκι

- ΠΡΟΕΤΟΙΜΑΣΙΑ έως 30 λεπτά
- μερίδες 2

Συστατικά:

- 40 γρ φρέσκο αλμυρό
- 4 κουταλιές της σούπας βούτυρο
- 3 αυγά
- 2 κουταλιές της σούπας γάλα
- 1 χούφτα φρέσκο σπανάκι
- 1 κρεμμύδι πιπεριά
- άλας

παρασκευή:

1. Καθαρίστε καλά τις μορέλες, ξεπλύνετε με τρεχούμενο νερό και κόψτε σε μακριές λωρίδες. Στη συνέχεια λιώστε το βούτυρο σε ένα τηγάνι και προσθέστε σε αυτό τα ψιλοκομμένα μανιτάρια.
2. Σιγοβράζουμε τα μανιτάρια, σκεπασμένα, σε χαμηλή φωτιά για 20 λεπτά, ανακατεύοντας κατά διαστήματα. Στη συνέχεια, προσθέστε το ξεφλουδισμένο και κομμένο κρεμμύδι σε αυτό και τηγανίστε για 1,5 λεπτό. Πλένουμε το σπανάκι, στραγγίζουμε το νερό και το προσθέτουμε στα υλικά. Σπάμε τα αυγά σε μια κατσαρόλα, τα ανακατεύουμε με το γάλα, μια πρέζα αλάτι και πιπέρι και τα ρίχνουμε στα τηγανητά υλικά.
3. Τηγανίζουμε τα πάντα μέχρι τα αυγά να είναι εντελώς πυκνά. Στη συνέχεια το αποσύρουμε από τη φωτιά και το βάζουμε σε ένα πιάτο.

75. ομελέτα με γαρίδες και μανιτάρια

- ΠΡΟΕΤΟΙΜΑΣΙΑ έως 30 λεπτά
- μερίδες 2

Συστατικά:

- 5 γαρίδες τίγρης
- 6 μανιτάρια
- 4 αυγά
- 3 κουταλιές της σούπας λάδι
- 2 σκελίδες σκόρδο
- 1 κόκκινη πιπεριά
- 1 κουταλιά της σούπας αλεύρι

- 1 κουταλιά της σούπας γάλα
- λάχανο για διακόσμηση
- άλας
- πιπέρι

παρασκευή:

1. Πλένουμε τα λαχανικά και τα μανιτάρια και τα στραγγίζουμε από το νερό. Αφαιρούμε τις μεμβράνες από τα μανιτάρια και τα κόβουμε σε λεπτές φέτες. Αφαιρούμε τους σπόρους από την πιπεριά και κόβουμε σε κομμάτια.
2. Καθαρίστε τις γαρίδες από μη βρώσιμα μέρη. Στη συνέχεια, σπάστε τα αυγά σε μια κατσαρόλα, ρίξτε το αλεύρι, ρίξτε το γάλα και χτυπήστε το όλο με ένα σύρμα.
3. Καθαρίζουμε το σκόρδο από τη φλούδα, το ψιλοκόβουμε και τηγανίζουμε σε καυτό λάδι σε ένα τηγάνι. Προσθέστε τις καθαρισμένες γαρίδες και τα ψιλοκομμένα μανιτάρια στο γλασαρισμένο σκόρδο, πασπαλίστε με μια πρέζα αλάτι και τηγανίστε για 2,5 λεπτά, σκεπασμένα, σε μέτρια φωτιά.
4. Στη συνέχεια ρίχνουμε τα χτυπημένα αυγά στα τηγανητά υλικά, αλατοπιπερώνουμε κατά βούληση, ανακατεύουμε καλά και τηγανίζουμε μέχρι να δέσει τα αυγά.

5. Κατόπιν κατεβάζουμε τα πάντα από τη φωτιά και τα βάζουμε σε ένα πιάτο. Πασπαλίζουμε το έτοιμο πιάτο με φρεσκοτριμμένο πιπέρι και γαρνίρουμε με λάχανο και ψιλοκομμένη πάπρικα.

76. Μαροκινή ομελέτα

- Χρόνος μαγειρέματος 15 έως 30 λεπτά
- μερίδες 4

ΣΥΣΤΑΤΙΚΑ

- 2 κουταλιές της σούπας ελαιόλαδο
- 2 ασκαλώνια (ψιλοκομμένα)
- 4 ντομάτες (μέτριες, χωρίς κουκούτσι, σε κύβους)
- 1 κουταλάκι του γλυκού Ras el-Hanout (μαροκινό μείγμα μπαχαρικών)
- 8 αυγά
- 2 κουταλιές της σούπας κόλιανδρο (φρέσκο, ψιλοκομμένο)
- Θαλασσινό αλάτι
- Πιπέρι (από το μύλο)

ΠΑΡΑΣΚΕΥΗ

1. Αρχικά ζεσταίνουμε το ελαιόλαδο σε ένα τηγάνι (με σιδερένιο ή ξύλινο χερούλι). Τηγανίζουμε σε αυτό τα ασκαλώνια, προσθέτουμε τις ντομάτες κομμένες σε κύβους, αλατοπιπερώνουμε με το ras el-hanout, θαλασσινό αλάτι και πιπέρι.
2. Χτυπάμε προσεκτικά τα αυγά στο τηγάνι και τηγανίζουμε στο φούρνο στους 180°C για 8-10 λεπτά. Πασπαλίστε τη μαροκινή ομελέτα με φρεσκοκομμένο κόλιανδρο και νιφάδες θαλασσινού αλατιού.

77. Ομελέτα κατσικίσιο με βασιλικό

- Χρόνος μαγειρέματος Λιγότερο από 5 λεπτά
- Μερίδες 4 ΥΛΙΚΑ

- 4 αυγά
- άλας
- πιπέρι
- 200 γρ τυρί (κατσικίσιο τυρί)
- 2 κουταλιές της σούπας βασιλικό (χοντροκομμένο)
- 60 γρ βούτυρο

ΠΑΡΑΣΚΕΥΗ

2. Χτυπάμε τα αυγά σε ένα μπολ για την ομελέτα με κατσικίσιο τυρί, αλατοπιπερώνουμε και χτυπάμε καλά όλα. Κόβουμε το κατσικίσιο τυρί σε κύβους και ανακατεύουμε με τα αυγά μαζί με τον φρεσκοκομμένο βασιλικό.
3. Ζεσταίνουμε το μισό βούτυρο σε ένα τηγάνι, ρίχνουμε μέσα το μισό μείγμα των αυγών και ανακινούμε το τηγάνι για να κατανεμηθεί ομοιόμορφα το μείγμα. Χαμηλώνουμε λίγο τη φωτιά. Αφήνουμε την ομελέτα να δέσει σιγά σιγά, τη διπλώνουμε στη μέση και την τοποθετούμε σε προθερμασμένο πιάτο.
4. Ετοιμάζουμε και σερβίρουμε το δεύτερο κατσικίσιο τυρί

ομελέτα με τον ίδιο τρόπο.

78. Ομελέτα με άγριο σκόρδο

- Χρόνος μαγειρέματος 5 έως 15 λεπτά
- Μερίδες: 4 ΥΛΙΚΑ

- 1 χούφτα άγριο σκόρδο
- 2 ντομάτες κρέας
- 1/2 κολοκυθάκια
- 8 αυγά
- 80 g Emmentaler (ή άλλο τυρί του βουνού)
- 2 κλωναράκια θυμάρι
- 3 κλωναράκια μαϊντανού
- Βούτυρο
- Κραμβέλαιο
- άλας
- Πιπέρι (φρεσκοτριμμένο)

ΠΑΡΑΣΚΕΥΗ

1. Ξεπλύνετε τα φύλλα άγριου σκόρδου με κρύο νερό, στεγνώστε τα και ψιλοκόψτε για την ομελέτα με άγριο σκόρδο. Πλένουμε τις ντομάτες και τα κολοκυθάκια και τα τρίβουμε, αφαιρούμε τις ρίζες και τα κοτσάνια από τα κολοκυθάκια. Κόβουμε τα λαχανικά σε κύβους.
2. Ζεσταίνουμε λίγο βούτυρο και κραμβέλαιο σε ένα τηγάνι, σοτάρουμε λαχανικά κομμένα σε κύβους και άγριο σκόρδο.

   Αφαιρέστε από την εστία.
3. Χτυπάμε τα αυγά σε ένα μπολ και τα καρυκεύουμε με τα ψιλοκομμένα μυρωδικά, αλάτι και πιπέρι. Τώρα ανακατέψτε το χοντροτριμμένο τυρί. Ζεσταίνουμε το λάδι σε ένα μεγάλο τηγάνι και ρίχνουμε μέσα το μείγμα των αυγών. Αφήνουμε να δέσει ελαφρώς, τοποθετούμε από πάνω τα λαχανικά στον ατμό και διπλώνουμε την ομελέτα. Γυρίστε μια φορά, χωρίστε σε μερίδες και σερβίρετε την ομελέτα με άγριο σκόρδο σε πιάτα.

79. Ομελέτα ζαμπόν και τυριού

ΣΥΣΤΑΤΙΚΑ

- 1 αυγό
- 1/2 κγ αλεύρι
- 2 κουταλιές της σούπας γάλα
- 50 γρ Ένταμ
- 1 φέτα ζαμπόν (κομμένο σε λεπτές λωρίδες)
- 1/4 κουταλάκι του γλυκού μπαχαρικό τσίλι
- άλας
- βούτυρο
- 1/2 ντομάτες
- 1 κλωναράκι (α) μαϊντανό

παρασκευή

1. Χτυπάμε καλά το αυγό. Προσθέστε το τυρί, το γάλα, το αλεύρι, το ζαμπόν και τα μπαχαρικά και ανακατέψτε καλά.
2. Ρίχνουμε το μείγμα των αυγών σε ένα ζεστό, λαδωμένο ταψί και το αφήνουμε να δέσει. Τοποθετούμε από πάνω τις φέτες ντομάτας και ζεσταίνουμε για άλλα 1-2 λεπτά.
3. Γαρνίρουμε με μαϊντανό.

80. Ομελέτα εξοχικής κατοικίας

- Χρόνος μαγειρέματος 15 έως 30 λεπτά

ΣΥΣΤΑΤΙΚΑ

- 3 Αυγά
- 1 κουταλιά της σούπας νερό (ζεστό)
- 1 κουταλιά της σούπας αλεύρι (γεμάτο)
- λίγο μαϊντανό (ψιλοκομμένο)
- 1 πρέζα αλάτι
- λίγο πιπέρι
- 2 κουταλιές της σούπας κρεμμύδι (ψητό)
- 1 χούφτα μπέικον (κομμένο)
- 5 φέτες τυρί (πικάντικο)

παρασκευή

Για την ομελέτα cottage ανακατεύουμε πρώτα όλα τα ΥΛΙΚΑ εκτός από το τυρί.

2. Ζεσταίνουμε λίγο λάδι σε ένα τηγάνι (20 εκ. Ø) και ρίχνουμε μέσα τη ζύμη. Σκεπάζουμε και ψήνουμε την κάτω πλευρά σε μέτρια φωτιά. Η επάνω πλευρά πρέπει να είναι σταθερή πριν την αναποδογυρίσετε.
3. Αφού το γυρίσουμε, κόβουμε στη μέση, σκεπάζουμε τη μια πλευρά με τυρί και αφήνουμε το τυρί να λιώσει. Αφήστε το κάτω μέρος να ροδίσει ξανά. Στη συνέχεια διπλώστε και τα δύο μισά της ομελέτας cottage μαζί.

81. Ομελέτα πατάτας με τυρί

- Χρόνος μαγειρέματος 15 έως 30 λεπτά
- μερίδες 4

ΣΥΣΤΑΤΙΚΑ

- 1 κιλό πατάτες
- 2 κρεμμύδια (ψιλοκομμένα)
- 50-100 γρ μπέικον σε κύβους
- 50-100 γρ Γκούντα (κομμένο σε μικρούς κύβους ή τριμμένο)
- βούτυρο
- 6 αυγά
- άλας

πιπέρι

ΠΑΡΑΣΚΕΥΗ

1. Για την ομελέτα πατάτας, ψήνουμε τις πατάτες για περίπου 20 λεπτά, τις ξεφλουδίζουμε και τις κόβουμε σε φέτες.
2. Σε λίγο βούτυρο τσιγαρίζουμε τα κρεμμύδια και το μπέικον σε κυβάκια, προσθέτουμε τις πατάτες και τσιγαρίζουμε μέχρι να γίνουν τραγανά.
3. Ανακατεύουμε τα αυγά με λίγο αλάτι και πιπέρι, ανακατεύουμε μέσα τους κύβους του τυριού και περιχύνουμε με αυτό το μείγμα τις πατάτες. Τηγανίζουμε μέχρι να πήξει το μείγμα.
4. Βγάζετε την έτοιμη ομελέτα πατάτας από το τηγάνι, γαρνίρετε με μαϊντανό αν χρειάζεται και σερβίρετε.

82. ομελέτα με καντέρες

ΣΥΣΤΑΤΙΚΑ

- 2 κοτσάνια (α) φρέσκα κρεμμυδάκια
- 2 τεμ. κρεμμύδια
- 2 κουταλιές της σούπας βούτυρο
- 100 γρ ζαμπόν (μαγειρεμένο)
- 400 γραμμάρια λαχανίδες (φρέσκες)
- Λεμόνι (χυμός)
- άλας
- πιπέρι
- 1 πρέζα μοσχοκάρυδο
- 2 ματσάκια μαϊντανός (ψιλοκομμένος)

Για τις ομελέτες:

- 8 αυγά
- 500 ml γάλα

- βούτυρο
- 2 ματσάκι σχοινόπρασο (κομμένο)

ΠΡΟΕΤΟΙΜΑΣΙΑ

1. Για την ομελέτα με τις λαχανίδες καθαρίζουμε τα φρέσκα κρεμμυδάκια με τα χόρτα και τα κόβουμε σε λωρίδες.
2. Καθαρίζουμε το κρεμμύδι και το κόβουμε σε λεπτούς κύβους. Αχνίζουμε τα φρέσκα κρεμμυδάκια και τα κρεμμυδάκια στο βούτυρο μέχρι να γίνουν διάφανα. Προσθέστε το ζαμπόν κομμένο σε μικρές λωρίδες ή κύβους στα κρεμμύδια.
3. Καθαρίζουμε τις λαχανίδες και τις κόβουμε σε μικρά κομμάτια όπως απαιτείται. Περιχύνουμε με λίγο χυμό λεμονιού και προσθέτουμε στο ζαμπόν. Αλατοπιπερώνουμε και μοσχοκάρυδο και συνεχίζουμε το τηγάνισμα.
4. Στο τέλος του χρόνου μαγειρέματος, αλατοπιπερώνουμε ξανά με κέφι, διπλώνουμε μέσα τον μαϊντανό και τον έχουμε έτοιμο.
5. Για τις ομελέτες χτυπάμε τα αυγά με το γάλα.

6. Ψήνετε τις ομελέτες σε δόσεις. Για να το κάνετε αυτό, τηγανίστε για λίγο το μείγμα από 2 αυγά το καθένα σε βούτυρο και στη συνέχεια αφήστε το για 1-2 λεπτά με κλειστό καπάκι.
7. Καλύπτουμε με το μείγμα της λαχανίδας, χτυπάμε και πασπαλίζουμε με το σχοινόπρασο και το αφήνουμε στο τραπέζι.

83. ομελέτα με γαρίδες

ΣΥΣΤΑΤΙΚΑ

- 4 αυγά
- 1/2 ραβδί (α) πράσο
- 1 ματσάκι σχοινόπρασο
- 250 γρ γαρίδες
- άλας
- 1 κουταλιά της σούπας χυμό λεμονιού
- 1 σκελίδα (ες) σκόρδο
- πιπέρι

ΠΑΡΑΣΚΕΥΗ

1. Για την ομελέτα με τις γαρίδες κόβουμε το πράσο σε μικρά κομμάτια.
2. Χτυπάμε τα αυγά, προσθέτουμε το πράσο, αλάτι και πιπέρι. Ζεσταίνουμε λίγο βούτυρο σε ένα τηγάνι και προσθέτουμε το μείγμα των χτυπημένων αυγών.
3. Αφήνουμε να δέσει για περίπου 3 λεπτά και μετά γυρίζουμε για λίγο την ομελέτα και την αφήνουμε να ψηθεί.
4. Ζεσταίνουμε λίγο βούτυρο σε ξεχωριστό τηγάνι.
5. Ψιλοκόβουμε το σκόρδο και το τσιγαρίζουμε για λίγο με τις γαρίδες. Καρυκεύουμε με χυμό λεμονιού, αλάτι και πιπέρι και σερβίρουμε την ομελέτα με γαρίδες.

84. Ομελέτα γεμιστή με φέτα

- Προετοιμασία: 40 λεπτά
- μερίδες 2

ΣΥΣΤΑΤΙΚΑ

- 1 ασκαλώνιο
- 4 αυγά
- άλας
- πιπέρι από το μύλο
- 4 κουταλιές της σούπας τυρί creme fraiche
- 2 κσ μουστάρδα
- 2 κσ χυμό λεμονιού

- 2 κουταλιές της σούπας βασιλικός ψιλοκομμένος
- 2 κουταλιές της σούπας βούτυρο
- 100 γρ
- φέτα
- βασιλικός

ΒΗΜΑΤΑ ΠΡΟΕΤΟΙΜΑΣΙΑΣ

6. Ξεφλουδίστε και ψιλοκόψτε το ασκαλώνιο. Ξεχωρίστε τα αυγά. Χτυπάμε τα ασπράδια με μια πρέζα αλάτι μέχρι να σφίξουν. Χτυπάμε τους κρόκους των αβγών με 2 κουταλιές της σούπας κρέμα γάλακτος, τη μουστάρδα, το χυμό λεμονιού και τον ψιλοκομμένο βασιλικό. Αλατοπιπερώνουμε, προσθέτουμε τα ασπράδια χαλαρά.
7. Σε ένα αντικολλητικό τηγάνι λιώνουμε το μισό βούτυρο. Προσθέτουμε το μισό κρεμμύδι και σοτάρουμε. Προσθέστε το μισό μείγμα της ομελέτας και μαγειρέψτε για 6-8 λεπτά μέχρι να ροδίσει η κάτω πλευρά και να πήξει η επιφάνεια ενώ σκεπάζετε το τηγάνι. Στη συνέχεια, τραβήξτε το τηγάνι από τη σόμπα.
8. Απλώνουμε 1 κουταλιά της σούπας creme fraiche πάνω στην ομελέτα και σκεπάζουμε με

τη μισή θρυμματισμένη φέτα, αλατοπιπερώνουμε και με τη βοήθεια μιας σπάτουλας διπλώνουμε την ομελέτα.

9. Ψήνετε τη δεύτερη ομελέτα με τον ίδιο τρόπο (πιθανόν σε δεύτερο ταψί).
10. Βάζουμε τις ομελέτες σε πιάτα και τις σερβίρουμε γαρνίροντας με βασιλικό.

85. ομελέτα με φρούτα

- προετοιμασία: έως 30 λεπτά
- μερίδες 2

Συστατικά:

- 6 αυγά
- 1 κουταλάκι του γλυκού αλεύρι σίτου
- 0,5 φλιτζάνια γάλα 2%
- άλας
- ένα μάτσο σχοινόπρασο

ΚΑΡΠΟΣ:

- 6 μπανάνες
- 1 φλιτζάνι βατόμουρα

παρασκευή:

3. Πλένουμε τις μπανάνες και τα μούρα και τα στραγγίζουμε από το νερό. Αφαιρούμε τις άκρες από τις μπανάνες, τις ξεφλουδίζουμε, κόβουμε τη σάρκα σε λεπτές φέτες και τις βάζουμε σε ένα πιάτο.

Ετοιμάστε μια ομελέτα:

4. σπάστε τα αυγά σε ένα φλιτζάνι, ρίξτε το γάλα, προσθέστε το αλεύρι, μια πρέζα αλάτι και το ψιλοκομμένο σχοινόπρασο. Τα ανακατεύουμε όλα καλά με ένα πιρούνι, μετά τα ρίχνουμε σε ένα ζεστό τηγάνι χωρίς λιπαρά και τηγανίζουμε σε μέτρια φωτιά μέχρι να δέσει τελείως τα αυγά. Στη συνέχεια αποσύρουμε από τη φωτιά και προσθέτουμε στις μπανάνες στο πιάτο. Πασπαλίστε τα πάντα με βατόμουρα.

86. Ομελέτα σπαγγέτι

ΣΥΣΤΑΤΙΚΑ

- 5 αυγά
- 150 γρ μακαρόνια
- 30 γρ παρμεζάνα (φρεσκοτριμμένη)
- 30 γρ βούτυρο
- 1 πρέζα μοσχοκάρυδο (τριμμένο)
- Θαλασσινό αλάτι
- Πιπέρι

ΠΑΡΑΣΚΕΥΗ

1. Βράζετε και στραγγίζετε τα μακαρόνια σύμφωνα με τη συσκευασία όπως απαιτείται.
2. Χτυπάμε τα αυγά σε ένα μπολ. Ρίχνουμε την παρμεζάνα και αλατοπιπερώνουμε και μια πρέζα μοσχοκάρυδο.
3. Ανακατεύουμε τα μαγειρεμένα μακαρόνια και ανακατεύουμε καλά.
4. Τηγανίζουμε το μισό βούτυρο σε ένα τηγάνι και τηγανίζουμε το μείγμα των ζυμαρικών σε χρυσαφένια φωτιά χωρίς να ανακατεύουμε.
5. Λιώνουμε το υπόλοιπο βούτυρο πάνω από την ομελέτα. Αναποδογυρίζουμε την ομελέτα και τηγανίζουμε και από την άλλη πλευρά μέχρι να γίνει τραγανή.
6. Μοιράστε και σερβίρετε ζεστό.

87. Ομελέτα από βότανα

ΣΥΣΤΑΤΙΚΑ

- 12 αυγά
- 12 κουταλιές της σούπας βότανα (της επιλογής σας, πλυμένα, ψιλοκομμένα)
- 6 κουταλιές της σούπας βούτυρο
- 1 κουταλιά της σούπας αλεύρι
- 1/8 λίτρο γάλα
- άλας
- πιπέρι
- 2 κουταλιές της σούπας παρμεζάνα (ή άλλο σκληρό τυρί για γεύση)

ΠΑΡΑΣΚΕΥΗ

1. Αρχικά, λιώστε το βούτυρο σε ένα τηγάνι για την ομελέτα και σιγοβράστε τα μυρωδικά σε χαμηλή φωτιά. Προσοχή: Τα μυρωδικά δεν πρέπει να ροδίσουν καθόλου!
2. Εν τω μεταξύ, ανακατέψτε τα αυγά με αλάτι, πιπέρι, παρμεζάνα, αλεύρι και γάλα σε ένα υγρό κουρκούτι για τηγανίτες. Περιχύνουμε προσεκτικά τα μυρωδικά, ανακατεύουμε καλά. Όταν σχηματιστεί μια σφιχτή κρούστα από την κάτω πλευρά, γυρίζουμε τη ζύμη και ψήνουμε. (Προσθέστε λίγο βούτυρο στη γεύση, ώστε να γίνει τραγανή και η άλλη πλευρά.)
3. Τακτοποιούμε και σερβίρουμε την ομελέτα σε πιάτα.

88. Κήπος φρέσκες ομελέτες

ΣΥΣΤΑΤΙΚΑ

- 1 ⅓ φλιτζάνια χοντροκομμένες ντομάτες, στραγγίστε
- 1 φλιτζάνι χοντροκομμένο αγγούρι χωρίς κουκούτσι
- Μισό ώριμο αβοκάντο, κομμένο στη μέση, ξεσποριασμένο, ξεφλουδισμένο και ψιλοκομμένο
- ½ φλιτζάνι χοντροκομμένο κόκκινο κρεμμύδι (1 μέτριο)
- 1 σκελίδα σκόρδο, ψιλοκομμένη

- Κόβουμε 2 κουταλιές της σούπας φρέσκο μαϊντανό
- 2 κουταλιές της σούπας ξύδι από κόκκινο κρασί
- 1 κουταλιά της σούπας ελαιόλαδο
- 2 αυγα
- $1\frac{1}{2}$ φλιτζάνι παγωμένο ή κατεψυγμένο προϊόν αυγού, αποψυγμένο
- $\frac{1}{4}$ φλιτζάνι νερό
- 1 κουταλιά της σούπας φρέσκια ρίγανη σε φέτες ή 1 κουταλάκι του γλυκού ρίγανη ξερή, θρυμματισμένη
- $\frac{1}{4}$ κουταλάκι του γλυκού αλάτι
- $\frac{1}{4}$ κουταλάκι του γλυκού αλεσμένο μαύρο πιπέρι
- $\frac{1}{8}$ κουταλάκι του γλυκού τριμμένο κόκκινο πιπέρι
- $\frac{1}{4}$ φλιτζάνι τυρί φέτα θρυμματισμένη, με μειωμένα λιπαρά

ΠΑΡΑΣΚΕΥΗ

1. Για τη σάλσα, ανακατέψτε τις ντομάτες, το αγγούρι, το αβοκάντο, το κρεμμύδι, το σκόρδο, τον μαϊντανό, το ξύδι και 1 κουταλάκι του γλυκού λάδι μαζί σε ένα μεσαίο μπολ.

2. Χτυπάμε τα αυγά, το προϊόν αυγού, το νερό, τη ρίγανη, το αλάτι και το μαύρο πιπέρι σε ένα μέτριο μπολ και λιώνουμε το κόκκινο πιπέρι. Για κάθε ομελέτα, ζεσταίνουμε 1/2 κουταλάκι του γλυκού από το υπόλοιπο λάδι σε μέτρια φωτιά σε ένα αντικολλητικό τηγάνι 8 ιντσών. Τηγάνι με 1/2 φλιτζάνι από το μείγμα των αυγών. Ανακατέψτε τα αυγά με μια σπάτουλα μέχρι το μείγμα να μοιάζει με τηγανητά κομμάτια αυγού που περιβάλλονται από υγρό. Σταματήστε το ανακάτεμα, αλλά συνεχίστε το μαγείρεμα μέχρι να δέσει το αυγό. 1/3 φλιτζάνι κουταλιά σάλσα πάνω από τη μία πλευρά του μείγματος αυγών τηγανητά. Αφαιρέστε την ομελέτα από το τηγάνι. διπλώστε υπερπλήρωση. Επαναλάβετε για να φτιάξετε συνολικά τέσσερις ομελέτες.
3. Σερβίρετε ανά ομελέτα με το ένα τέταρτο της σάλσας που έχει απομείνει. Πασπαλίζουμε με 1 κουταλιά της σούπας τυρί φέτα με κάθε ομελέτα.

89. Τοστ με αβοκάντο και ομελέτα

Συστατικό

- 1 μέτριο ώριμο αβοκάντο
- 2 κουταλιές της σούπας χυμό λάιμ, ή γεύση
- 1-2 φρέσκο σχοινόπρασο ψιλοκομμένο
- 3/4 κουταλάκι του γλυκού αλάτι kosher, ή γεύση
- 3/4 κουταλάκι του γλυκού φρεσκοτριμμένο μαύρο πιπέρι, γεύση
- Ψωμί σε δύο φέτες χειροτεχνικού τύπου (το χοντρό ψωμί είναι πιο αποτελεσματικό και μερικές φορές ονομάζεται «τοστ του Τέξας» ή «γαλλικό τοστ»)
- 2 κουταλιές της σούπας ανάλατο βούτυρο
- 2 μεγάλα αυγά

- Απολαύστε αλάτι και φρεσκοτριμμένο μαύρο πιπέρι

Κατευθύνσεις

1. Προσθέστε αβοκάντο, χυμό λάιμ, σχοινόπρασο, αλάτι κοσέρ, φρεσκοτριμμένο μαύρο πιπέρι, πολτοποιήστε το αβοκάντο με ένα πιρούνι και ανακατέψτε με ένα πιρούνι σε ένα μέτριο μπολ. αφήνω στην άκρη.
2. Κόψτε έναν κύκλο 2,5 έως 3" με ένα κουπάτ ή ένα ποτήρι από τη μέση κάθε φέτας ψωμιού.
3. Προσθέστε το βούτυρο και μαγειρέψτε σε μέτρια προς χαμηλή φωτιά να λιώσει σε ένα μεγάλο αντικολλητικό τηγάνι.
4. Προσθέστε το αυγό, τους στρογγυλούς αυγούς και μαγειρέψτε από την πρώτη πλευρά μέχρι να ροδίσουν, περίπου 1 με 2 λεπτά.
5. Αναποδογυρίστε το, σπάστε ένα αυγό σε κάθε τρύπα του ψωμιού και αλατοπιπερώστε τα αυγά.
6. Σκεπάζετε το τηγάνι και μαγειρεύετε για 3 με 6 λεπτά μέχρι να χρειαστούν τα αυγά. Μαγειρέψτε το ψωμί γρηγορότερα από τα αυγά (σε περίπου 1 έως 2 λεπτά). τα βγάζουμε από το τηγάνι μόλις ροδίσουν και τα βάζουμε σε πιατέλα. Τοποθετούμε το αυγό σε μια τρύπα και το βάζουμε στο πιάτο.

7. Απλώστε το μείγμα του αβοκάντο ομοιόμορφα πάνω σε γύρους ψωμιού και αυγού και σερβίρετε αμέσως. Η συνταγή είναι πιο δροσερή και πιο φρέσκια πιο δυνατή.

90. Κολοκυθάκια Ομελέτα με μυρωδικά

ΣΥΣΤΑΤΙΚΑ

- 300 γρ μικρό κολραμπι (1 μικρό κολραμπι)
- 1 κουταλιά της σούπας μηλόξυδο
- 1 κουταλάκι του γλυκού λάδι καρυδιού
- 2 αυγα
- άλας
- 125 γρ κολοκυθάκια (0,5 κολοκυθάκια)
- 1 μίσχο άνηθο
- 1 μίσχο μαϊντανού
- 1 χάρτης. αποξηραμένο θυμάρι
- πιπέρι
- 100 γρ ντοματίνια
- 2 κουταλιές της σούπας ελαιόλαδο

- 15 γρ κουκουνάρι (1 κ.σ.)
- 10 g πλανισμένη παρμεζάνα (1 κουταλιά της σούπας, 30% λιπαρά σε ξηρή ύλη)

ΒΗΜΑΤΑ ΠΡΟΕΤΟΙΜΑΣΙΑΣ

1. Καθαρίζουμε, πλένουμε, ξεφλουδίζουμε το κολοράμπι, κόβουμε σε πολύ λεπτές φέτες, ανακατεύουμε και το αφήνουμε στην άκρη με το ξύδι και το λάδι καρυδιού.
2. Εν τω μεταξύ, χτυπάμε, αλατίζουμε και χτυπάμε τα αυγά σε ένα μπολ. Καθαρίζουμε τα κολοκυθάκια, τα πλένουμε και τα κόβουμε σε λεπτές φέτες. Πλένουμε τον μαϊντανό και τον άνηθο και τα στεγνώνουμε. Ψιλοκόψτε τον μαϊντανό και τον μισό άνηθο, απλώστε το θυμάρι και το πιπέρι στα αυγά και αλατοπιπερώστε.
3. Πλένουμε τις ντομάτες με κεράσι. Ζεσταίνουμε ένα κουταλάκι του γλυκού λάδι σε μια κατσαρόλα. Προσθέστε τα ντοματίνια και σιγοβράστε σε μέτρια φωτιά για 4 λεπτά. Αφαιρούμε και αφήνουμε στην άκρη από το τηγάνι.
4. Βάζουμε τις φέτες από τα κολοκυθάκια στο τηγάνι, και σοτάρουμε σε μέτρια φωτιά για 4 λεπτά. Ρίχνουμε μέσα το μείγμα των αυγών και αφήνουμε να κρυώσει για 4-5 λεπτά.

5. Διπλώνουμε την ομελέτα, βάζουμε το μαριναρισμένο κολραμπί κυματιστό σε ένα πιάτο και το ντυθείτε δίπλα. Προσθέστε τις ντομάτες και πασπαλίστε πάνω από την ομελέτα με το κουκουνάρι, την παρμεζάνα και τον υπόλοιπο άνηθο.

91. Ψωμί ολικής αλέσεως με ομελέτα και φασόλια φούρνου

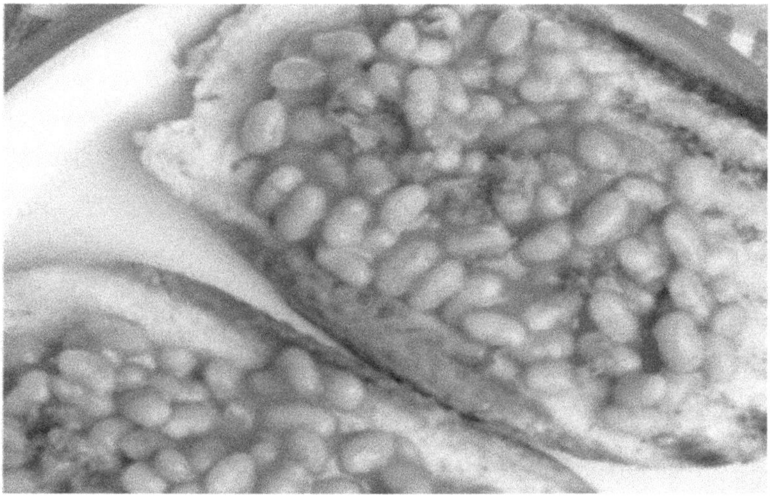

ΣΥΣΤΑΤΙΚΑ

- 400 γρ φασόλια φούρνου (κονσέρβα)
- 3 κοτσάνια μαϊντανού
- 6 αυγά
- άλας
- πιπέρι
- 2 κουταλιές της σούπας βούτυρο
- 200 γρ αγγούρι
- 4η ντομάτα
- 4 φέτες ψωμί ολικής αλέσεως

ΒΗΜΑΤΑ ΠΡΟΕΤΟΙΜΑΣΙΑΣ

1. Σε μια κατσαρόλα βάζουμε τα φασόλια φούρνου και τα ζεσταίνουμε σε μέτρια φωτιά.
2. Στο μεταξύ, πλένετε τον μαϊντανό, ανακατεύετε, ψιλοκόβετε και χτυπάτε μαζί με τα αυγά, το αλάτι και το πιπέρι.
3. Ζεσταίνουμε το βούτυρο σε επικαλυμμένο τηγάνι. Προσθέστε τα αυγά και αφήστε τα να ψηθούν σε μέτρια φωτιά.
4. Καθαρίζουμε, πλένουμε και κόβουμε το αγγούρι σε λεπτές φέτες. Καθαρίζουμε, πλένουμε και κόβουμε τις ντομάτες. Τακτοποιούμε ψωμί με φασόλια φούρνου, ομελέτα, αγγούρι και ντομάτα.

92. Σπαράγγια και ζαμπόν ομελέτα με πατάτες και μαϊντανός

ΣΥΣΤΑΤΙΚΑ

- 200 γραμμάρια καινούργιες πατάτες
- άλας
- 150 γραμμάρια λευκά σπαράγγια
- 1 κρεμμύδι
- 50 g bresaola (ιταλικό ζαμπόν βοδινού)
- 2 κοτσάνια μαϊντανού
- 3 αυγά
- 1 κουταλιά της σούπας κραμβέλαιο
- πιπέρι

ΒΗΜΑΤΑ ΠΡΟΕΤΟΙΜΑΣΙΑΣ

1. Πλένουμε καλά τις πατάτες. Μαγειρέψτε σε αλατισμένο νερό που βράζει για περίπου. 20 λεπτά, τα στραγγίζουμε και τα αφήνουμε να κρυώσουν. Όσο ψήνονται οι πατάτες, ξεφλουδίζουμε τα σπαράγγια, κόβουμε τις κάτω ξυλώδεις άκρες. Βράζουμε τα σπαράγγια σε αλατισμένο νερό για περίπου 15 λεπτά, τα βγάζουμε από το νερό, τα στραγγίζουμε καλά και τα αφήνουμε να κρυώσουν. Καθαρίζουμε το κρεμμύδι και το ψιλοκόβουμε.
2. Κόβουμε τα σπαράγγια και τις πατάτες σε μικρά κομμάτια.
3. Κόβουμε τη μπρεσάολα σε λωρίδες.
4. Πλένουμε τον μαϊντανό, στεγνώνουμε, κόβουμε τα φύλλα και τον ψιλοκόβουμε. Χτυπάμε τα αυγά σε ένα μπολ και χτυπάμε με τον ψιλοκομμένο μαϊντανό.
5. Ζεσταίνουμε το λάδι σε ένα σκεπασμένο τηγάνι και σοτάρουμε τα κυβάκια του κρεμμυδιού σε μέτρια προς δυνατή φωτιά μέχρι να γίνουν διάφανα.
6. Προσθέστε τις πατάτες και συνεχίστε το ψήσιμο για 2 λεπτά.
7. Προσθέστε τα σπαράγγια και τηγανίστε για 1 λεπτό.
8. Προσθέτουμε τη μπρεσάολα και αλατοπιπερώνουμε τα πάντα.

9. Βάζουμε τα αυγά στο τηγάνι και σκεπάζουμε και σιγοβράζουμε για 5-6 λεπτά σε χαμηλή φωτιά. Πέφτετε από το τηγάνι και σερβίρετε αμέσως.

93. Ομελέτα κατσικίσιο με ρόκα και ντομάτα

- Προετοιμασία: 15 λεπτά ΥΛΙΚΑ

- 4 πρωτεΐνες
- 2 αυγά (α)
- 1 μικρή χούφτα ρόκα
- 2 ντομάτες
- 1 κουταλάκι του γλυκού ελαιόλαδο
- άλας
- πιπέρι
- 50 γρ κατσικίσιο τυρί

ΒΗΜΑΤΑ ΠΡΟΕΤΟΙΜΑΣΙΑΣ

1. Χωρίζουμε 4 αυγά και βάζουμε τα ασπράδια σε ένα μπολ (χρησιμοποιήστε αλλού κρόκους αυγών). Προσθέστε τα υπόλοιπα 2 αυγά και χτυπήστε τα πάντα με ένα σύρμα.
2. Πλένουμε τη ρόκα, τη στεγνώνουμε και την ψιλοκόβουμε με ένα μεγάλο μαχαίρι.
3. Πλένουμε τις ντομάτες, κόβουμε τα άκρα του στελέχους σε σχήμα σφήνας και κόβουμε τις ντομάτες σε φέτες.
4. Ζεσταίνουμε ένα στρωμένο τηγάνι (24 εκ.) και αλείφουμε με το λάδι.
5. Προσθέστε το μείγμα των χτυπημένων αυγών. Αλατοπιπερώνουμε.
6. Ψήνετε ελαφρά σε μέτρια φωτιά (το αβγό πρέπει να είναι ακόμα λίγο ρευστό) και γυρίζετε χρησιμοποιώντας ένα πιάτο.
7. Τρίψτε το κατσικίσιο τυρί πάνω από την ομελέτα με τα δάχτυλά σας. Βάζετε την ομελέτα σε ένα πιάτο, ρίχνετε από πάνω φέτες ντομάτας και πασπαλίζετε τη ρόκα. Το τοστ ολικής αλέσεως ταιριάζει πολύ με αυτό.

94. Ομελέτα τυριού με μυρωδικά

- Προετοιμασία: 5 λεπτά
- μαγείρεμα σε 20 λεπτά

ΣΥΣΤΑΤΙΚΑ

- 3 μίσχοι κεράφι
- 3 μίσχοι βασιλικός
- 20 γρ παρμεζάνα
- 1 ασκαλώνιο
- 8 αυγά
- 2 κουταλιές της σούπας τυρί creme fraiche
- 1 κουταλιά της σούπας βούτυρο
- 150 γρ πρόβειο τυρί
- άλας

- πιπέρι

ΒΗΜΑΤΑ ΠΡΟΕΤΟΙΜΑΣΙΑΣ

1. Πλένουμε το μοσχοκάρυδο και τον βασιλικό, τα κουνάμε και τα ψιλοκόβουμε. Τρίβουμε την παρμεζάνα. Καθαρίζουμε και ψιλοκόβουμε το ασκαλώνιο. Χτυπάμε ελαφρά τα αυγά με την κρεμ φρεν, την παρμεζάνα, το μοσχαράκι και το μισό βασιλικό.
2. Λιώνουμε το βούτυρο σε ένα πυρίμαχο τηγάνι, τηγανίζουμε το εσαλότ, ρίχνουμε τα αυγά και θρυμματίζουμε τη φέτα. Ψήνουμε σε προθερμασμένο φούρνο στους 200°C (συναγωγή 180 ° C, αέριο: επίπεδο 3) για περίπου 10 λεπτά μέχρι να ροδίσει.
3. Βγάζουμε από το φούρνο, αλατοπιπερώνουμε, πασπαλίζουμε με τον υπόλοιπο βασιλικό και απολαμβάνουμε.
4.

95. Ομελέτα τόνου

ΣΥΣΤΑΤΙΚΑ

- 1 παύλα γάλα
- 0,5 κονσέρβες τόνου
- 0,5 κρεμμύδια (μικρά)
- λίγο βασιλικό
- λίγη ρίγανη
- λίγο αλάτι

ΠΡΟΕΤΟΙΜΑΣΙΑ

1. Χτυπάμε τα αυγά με λίγο γάλα για την ομελέτα τόνου και αλατοπιπερώνουμε. Ζεσταίνουμε το λάδι σε ένα τηγάνι και προσθέτουμε το μείγμα των αυγών.
2. Αφήστε το να δέσει για λίγα λεπτά. Στη συνέχεια απλώστε από πάνω τους ροδέλες τόνου και κρεμμυδιού. Τέλος πασπαλίζουμε από πάνω λίγο βασιλικό και ρίγανη.

96. Ομελέτα με φραντζόλα

ΣΥΣΤΑΤΙΚΑ

- 3 κουταλιές της σούπας τυρί (τριμμένο)
- 1 φέτα (ες) φραντζολάκι
- 1 κρεμμύδι (μικρό)
- άλας
- βολβοί φαγώσιμοι
- Λάδι (για το τηγάνισμα)

È

ΠΑΡΑΣΚΕΥΗ

1. Για την ομελέτα με καρβέλι, πρώτα σπάμε τα αυγά και χτυπάμε. Στη συνέχεια, κόψτε το καρβέλι σε μικρά κομμάτια. Τέλος κόβουμε το κρεμμύδι σε λεπτές λωρίδες.
2. Ζεσταίνουμε το λάδι σε ένα τηγάνι και τηγανίζουμε το καρβέλι. Το περιχύνουμε με τα αυγά και το αφήνουμε να δέσει λίγο. Σκορπίζουμε το τριμμένο τυρί, βάζουμε τις λωρίδες κρεμμυδιού και τελειώνουμε το τσιγάρισμα.
3. Αλατοπιπερώνουμε και πασπαλίζουμε με το σχοινόπρασο.

97. Υγιεινή ομελέτα

ΣΥΣΤΑΤΙΚΑ

- 4 τμχ αυγά
- 1 ντομάτα
- 1 κρεμμύδι (μικρό)
- 1 σκελίδα (ες) σκόρδο (μικρή)
- Βότανα (φρέσκο, βασιλικό ή σχοινόπρασο)
- Μπαχάρι πάπρικας
- άλας
- Πιπέρι (διαφημιστικός μύλος)

ΠΑΡΑΣΚΕΥΗ

1. Ανακατεύουμε τα αυγά σε ένα μπολ και προσθέτουμε τα ψιλοκομμένα μυρωδικά, λίγη πάπρικα, αλάτι και πιπέρι για την ομελέτα.
2. Ψιλοκόβουμε την ντομάτα και το κρεμμύδι. Τώρα τηγανίζουμε τα κρεμμύδια με λάδι ή βούτυρο μέχρι να γίνουν διάφανα. Στη συνέχεια προσθέτουμε τις ντομάτες και το σκόρδο και συνεχίζουμε το τσιγάρισμα για λίγο.
3. Στη συνέχεια, προσθέστε το περιεχόμενο του τηγανιού στα αυγά στο μπολ και ανακατέψτε τα πάντα. Τηγανίζουμε το μισό σε μέτρια φωτιά για να γίνει ομελέτα.
4. Όταν η ομελέτα τηγανιστεί από τη μία πλευρά (και γυρίσει), μπορείτε να πασπαλίσετε με λίγο τυρί αν θέλετε και στη συνέχεια να διπλώσετε την ομελέτα.
5. Στη συνέχεια κάντε το ίδιο με την υπόλοιπη μάζα.

Τέλος τακτοποιούμε και σερβίρουμε την ομελέτα.

98. Ομελέτα πίτσας

ΣΥΣΤΑΤΙΚΑ

Για την ομελέτα:

- 3 αυγά (βιολογικά, m)
- 1 σφηνάκι μεταλλικό νερό
- 1 σφηνάκι γάλα (βιολογικό)
- 1/2 κουταλάκι του γλυκού αλάτι
- Πιπέρι (από το μύλο)
- 1 κουταλάκι του γλυκού βούτυρο (βιολογικό) Για την επικάλυψη:
- 1 κομμάτι ντομάτες (βιολογικές)
- 50 γρ φέτα (βιολογική)
- 1/2 μοτσαρέλα (βιολογική)
- βασιλικός
- Βότανα (κατά βούληση)

ΠΑΡΑΣΚΕΥΗ

1. Κόβουμε τις ντομάτες και τη μοτσαρέλα σε φέτες, θρυμματίζουμε ελαφρά τη φέτα, κόβουμε χοντροκομμένα το βασιλικό σε λωρίδες. Ψιλοκόψτε τα φρέσκα μυρωδικά. Χτυπάμε όλα τα ΥΛΙΚΑ για την ομελέτα.
2. Ζεσταίνουμε το βούτυρο σε μικρότερο τηγάνι, ρίχνουμε μέσα το μείγμα των αυγών και το αφήνουμε να δέσει. Όταν το μείγμα των αυγών έχει σκληρύνει, το γυρίζετε προσεκτικά και τηγανίζετε για λίγο και από την άλλη πλευρά.
3. Προθερμαίνουμε το φούρνο σε περίπου. 200 ° C πάνω/κάτω θερμότητα. Τοποθετήστε την έτοιμη ομελέτα σε ένα ταψί στρωμένο με χαρτί ψησίματος.
4. Γεμίστε την ομελέτα με τα υπόλοιπα ΥΛΙΚΑ και ψήστε για περίπου 10 λεπτά μέχρι να λιώσει το τυρί.
5. Τακτοποιούμε και σερβίρουμε την ομελέτα πίτσας.

99. Ομελέτα μήλου και μπέικον

- Χρόνος μαγειρέματος 5 έως 15 λεπτά
- Μερίδες: 2

ΣΥΣΤΑΤΙΚΑ

- 6 αυγά
- 70 ml σαντιγί
- άλας
- κοκκινοπίπερο
- 1 κουταλάκι του γλυκού σχοινόπρασο
- 1 μήλο
- 150 γρ μπέικον

ΠΑΡΑΣΚΕΥΗ

1. Για την ομελέτα με μήλο και μπέικον, τηγανίζουμε ελαφρά το κομμένο μπέικον σε ένα τηγάνι, στη συνέχεια αφαιρούμε από το τηγάνι και αφήνουμε στην άκρη.
2. Αφαιρέστε τον πυρήνα από το μήλο και κόψτε σε δαχτυλίδια περίπου. Πάχος 4 mm. Τηγανίζουμε επίσης στο τηγάνι.
3. Ανακατεύουμε τα αυγά με τη σαντιγί και τα μπαχαρικά ενδιάμεσα. Ξαναβάζουμε τα μήλα και το μπέικον στο τηγάνι, το περιχύνουμε με το μείγμα των αυγών και το αφήνουμε να δέσει σε μέτρια φωτιά με κλειστό το καπάκι.
4. Καρυκεύουμε με φρεσκοτριμμένο πιπέρι.

100. Vegan ομελέτα

- Χρόνος μαγειρέματος 5 έως 15 λεπτά
- Μερίδες: 2

ΣΥΣΤΑΤΙΚΑ

- 1 κρεμμύδι
- 400 γραμμάρια τόφου
- Λαχανικά (για γεύση)

ΠΑΡΑΣΚΕΥΗ

1. Για την vegan ομελέτα, κόψτε το κρεμμύδι σε μικρά κομμάτια και τηγανίστε στο λάδι. Τηγανίζουμε λαχανικά (ντομάτες, πιπεριές, μανιτάρια κ.λπ.).
2. Πολτοποιήστε το τόφου με μια δόση ξαδέρφου σόγιας ή νερό, αλάτι, πιπέρι ή κουρκουμά. Διπλώνουμε το πολτοποιημένο τόφου, το ψήνουμε και σερβίρουμε την vegan ομελέτα με φρέσκα λαχανάκια.

ΣΥΜΠΕΡΑΣΜΑ

Να θυμάστε ότι αυτές οι συνταγές είναι μοναδικές στο είδος τους, γι' αυτό να είστε έτοιμοι να δοκιμάσετε κάποια νέα πράγματα. Επίσης, λάβετε υπόψη ότι το στυλ μαγειρέματος που χρησιμοποιείται σε αυτό το βιβλίο μαγειρικής είναι απλό. Έτσι, παρόλο που οι συνταγές θα είναι μοναδικές και νόστιμες, θα είναι εύκολο να γίνουν!

Milton Keynes UK
Ingram Content Group UK Ltd.
UKHW020759061023
430068UK00014B/642

9 781835 643921